한국 조선의 문화와 사회　17호

韓国朝鮮の文化と社会

韓国・朝鮮文化研究会

［特集］

特集＝病いと医療

17

2018.10

社

本号の刊行には、日韓文化交流基金から助成を受けた。記して厚く感謝の意を表したい。

●目次

特集＝病いと医療

論文

研究ノート

書評

目次

装丁＝オーバードライブ

【問題提起】
特集「病いと医療」について

秀村研二

本号の特集「病いと医療」は、二〇一七年一一月四日に神田外語大学を会場として開催された韓国・朝鮮文化研究会第一八回研究大会における同名のシンポジウムの成果をまとめたものである。このシンポジウムの企画の最初の出発点は、『韓国朝鮮の文化と社会』第一五号に掲載された野崎充彦氏による申東源著の『コレラ、朝鮮を襲う——身体と医学の朝鮮史』の書評［野崎　二〇一六］に触発されたことに始まる。病いというものは人間にとっては身近で避け得ないものである。その普遍的に持たざるを得ない宿命に対し、韓国朝鮮社会がどのように病いを認識し、対処しようとしてきたのか、また近代に入りそれがどのように変化したか、病いを扱う医療がどのように対処しようとしたかなどについて歴史的、文化的側面から検討することを意識して企画された。

伝統社会においては、病いは病気にかかった個人においてもまた周囲の家族や社会においても、まずは「語られるもの」としてあった。そこでは、どんな症状が病いとして認定されるのか、またそれは誰がするのか、治すには何をしなければならないかが問題となる。またその判定が一定であるわけでもない。つまり病いの「語り」は明確に境界付けられていないある範囲の中でおこなわれていたとみなすことができよう。それに対して近代医療では、概ね病気を心身二元論の立場から機械的に身体を取り扱い、疾患の原因をはっきりとさせ取り除こうとする傾向が強い。そして近代医療と伝統医療の間にはさまざまなバリエーションが存在するであろう。

朝鮮の伝統社会、とくに朝鮮王朝期には中国の影響を受けつつも独自の病気の理解の体系化がおこなわれていた。それは独自性を認識し、それによって医薬の需要が増大した点に現れる〔申東源　二〇一五：一七九〕。一四四五年には東アジアの医学を集成した『医方類聚』が完成する。さらに許浚によってまとめられた『東医宝鑑』によって朝鮮の医療は深化し、「病気の医療と予防、健康増進を同じ水準で見わたせるようにした」〔申東源　二〇一五：一八六〕ことにより養生の伝統と医学の伝統とが統合された。心身を体系的に理解しようとした『東医宝鑑』は朝鮮だけではなく、朝鮮の医療が手本としていた中国やまた日本でも高く評価された。

一方、庶民の間では巫俗の病因論による呪術的な儀礼（クッ）がムーダンたちによっておこなわれていた。様々なハン（恨）によって引き起こされる病気をハンプリ（恨解き）によって治療しようとするもので、庶民たちの信仰を集めていた。現在でもその伝統は継続していて、近代医療で説明のつかない病気に対して巫俗儀礼が一定の役割を果たしている。

例えば祈祷院というキリスト教周辺の施設のなかに病気治しを専門的におこなう場所があった。特に医療保険制度がよく整備されていなかった解放後から一九九〇年代半ば頃まで、専門的に病気治しをおこなう祈祷院では、伝統的な巫俗の病因論とキリスト教が融合して治療がおこなわれており、一種のホスピスのような様相をみせていた。そのような祈祷院では「病にかかったのは悪霊のせい」とされ、ハンを抱いた死者である鬼神の憑依との混同という点で巫俗との類似が見られるという指摘がなされてきた。一九九〇年代になると祈祷院での病気治しはキリスト教会の主流から異端との判定を受けたり社会的な批判を受けて、神の恩寵で病いが癒やされるという側面が強調されるようになった〔秀村　一九九六：一八六―一八七〕。このように祈祷院ではキリスト教と巫俗的な要素とが融合した様相がみられた。

『東医宝鑑』にみられるような長い医学の伝統と独自の説明体系を持っていた朝鮮社会と近代的な西洋医学との出会いは興味深い。両者がどのように出会い、近代西洋医学がどのように解釈され定着していったのか。一方で伝統的な医学はどのような自己認識をしたのであろうか。日本による植民地の前にキリスト教の宣教団体を中心として導入された西洋の医療、植民地期に整備された帝国の医療制度や衛生制度と伝統的な医療は如何に関係し合ったのだろうか。医療や衛生をめぐる問題は植民地研究の大きな問題として注目されている。

一方で民間信仰でムーダンが病気治しのためにおこなうクッは単に迷信として抑圧されるだけだったわけではない。現在まで巫俗の治病儀礼が持続しているのをみるとき、その原動力は何であるのかについて問われなくてはならない。

本号に掲載した二つの特集論文はいずれもシンポジウムの報告者によるものである。ただしシンポジウムで報告されたままではなく、当日の議論を踏まえて加筆修正がなされたものを寄稿して頂いた。

野崎充彦氏の「朝鮮時代の疾病と医療観――天人相関の視点から」は朝鮮時代における疾病と医療を王朝実録や野談などの史料から伝統文化論的視野から考察しようとしたものである。農業を国の中心としていた王朝にとって天変地異は天や地が病むことであり、そのためこれらの異常に対して様々に対処しようとした。この論文では旱魃を陰陽の不調和とみなし祈雨祭を中心として述べている。また地が病むことを朝鮮では風水思想に基づいて考えており、病んだ地（気脈）を癒すことで様々な効果を得たことが紹介される。特に朝鮮には中国風水とは異なる独自の風水思想（自生風水）が定着したとする風水研究者である崔昌祚氏を詳しく紹介し、朝鮮における風水思想の固有化、朝鮮化傾向を示すとしている。国王や王族の疾病について触れた記録から、伝統医療に於ける病因論について述べられる。国王の疾病も伝統的な病因論で語られる内容に従って処置されていたのである。これは士大夫についても同じであった。また名医譚から比較的情報に乏しい民間医療について天然痘の例を紹介して不十分な医療しかない時代にそれさえも満足に受けることが出来なかった民衆の願望の他に、自分たちの経験を「名医譚のなかに溶かし込んだ」かも知れないという指摘は興味深い。「天が病むときに地が病み、地が病むとき人もまた病む」という朝鮮の疾病観は、中華文明の普遍性のなかで朝鮮のものとして受け取られ、今日においても独自性を発揮してきていると考えられる。これは疾病という問題だけではなく、環境を含めた人間の在り方という現代的な意味で考えなおさなければならない問題なのかも知れない。

次に澤野美智子氏の「現代社会における医療の構図――がん治療をめぐる事例から」は、文化人類学の観点から現代韓国での乳がん患者の病気の捉え方や医療をどのように受けているのか、患者が状況により選択的に受ける治療の在り方から医療を総合的に論じようとしている。そしてその前提として、朝鮮半島における西洋医学の導入から伝統医学である韓医学と漢医学、さらに民間医療との関係を論じているが、共に今日の韓国社会で正規医療とみなされている西洋医学と韓医学との棲み分けを患者の立場から捉えており、「対立を避けて医療者の顔色をうかがう要素が強い」と指摘する。

澤野氏は乳がん患者がどのように自身の病気を捉えているのかについて、病気の原因として「否定的な感情を発散出来ずに我慢し続けて病気になるという語り」とそこで用いられる不満や否定的感情を表す「ファ（火）」という言葉、それが蓄積して発症するというファッピョン（火病）に注目をする。それを引き起こすのは姑や夫などの家族との間で引き起こされる「ストゥレッス」（＝ストレス）に起因すると乳がん患者の女性たち自身が語ることから韓国社会における女性たちの位置づけについても注意を喚起する。

韓国社会では西洋医学、韓医学、民間医療の三者では西洋医学が重要視されているが、日本とは異なり韓医学が正規医療としての役割を担ってきたことは重要である。韓医学と民間医療は親和的であり、時として境界が曖昧になることもある。西洋医学は韓医学と民間医療を排除しようとするが、単に排除だけではなく三者は様々に関係しあっており、その状況が詳しく述べられる。何よりも患者がそれら三者をどのように取り扱っているのかが問題なのである。

澤野氏の論文でも言及されているが、医療や衛生をめぐる問題は近代を考える上では重要であり植民地研究の焦点の一つとして注目されている［通堂 二〇一二］。シンポジウムではこの問題に関してもう一つの発表が慎蒼健氏によって「伝統医学における自画像の形成と展開――その〈鏡〉との関係」と題されてなされているのでその内容について簡単に紹介する。

愼蒼健氏は植民地期における朝鮮の医学・医療について、医者・患者・疾病の複合体として問い直し、その中でも伝統医学が近代医学が受容されるなかでどのように自らを認識して自画像を描こうとしたのかを漢医学に見ようとした（澤野論文では韓医学とされているが植民地期をあつかった愼蒼健氏は漢医学としている）。趙憲泳『通俗漢医学原論』（一九三四）が現在でも出版され読み続けられていることにみられるように、植民地となって抑圧された韓医学が一九三〇年代になされた東西医学論争を通して、中国や日本にはみられない漢医学をうちたてようとしたのかが問題となる。その要因として一九一三年に伝統医が医生に格下げされ数も減ったため人々が医療者に出会う機会も減り医療環境は以前よりも悪くなったこと。そして西洋医だけでなく伝統医も都市に集中したために農村においてはそれがより顕著であったということを指摘する。

また歴史学としての医学史の観点から、医者・患者・疾病を構成要素としてそれぞれを設定することの必要性とそれらを複合的に考えることが枠組みとして示された。植民地期に伝統医療を実践してきた人々は自らを漢医として自己認識してはいたが、自らの教育機関を持てずに数も減少していった。そのため、一九三〇年代に起こった東西医学論争は漢医の復権をめざしたものであった。興味深いのは攻撃的治療に収斂し許浚を排除した日本の漢方医とは違い、趙憲泳をはじめとする朝鮮の漢医は日本とは逆に身体の持つ治癒力を強調する王道主義的治療をめざし、最終的には民衆自身が学んで医療者となる理想主義的な自画像を描いていったのだという［愼蒼健　一九九九］。

「病いと医療」というテーマは様々な観点からの研究を可能にし、何が病いか、何を病いとするかというところから出発して幅広い接近がなされる分野である。本号の特集ではそのごく一部について取り扱っているに過ぎない。これから様々な議論がなされることに期待したい。

参考文献
愼蒼健
一九九九「覇道に抗する王道としての医学――一九三〇年代朝鮮における東西医学論争から」『思想』九〇五、六五―九二（岩波書店）。
秀村研二
一九九六「祈祷院と病因論」『青丘学術論集』第八輯、一七八―一八七（韓国文化研究振興財団）。
野崎充彦
二〇一六 書評：申東源著・仁正姫訳『コレラ、朝鮮を襲う――身体と医学の朝鮮史』『韓国朝鮮の文化と社会』第一五号、一〇六―一〇八（韓国朝鮮文化研究会）。
通堂あゆみ
二〇一二「解説 京城帝国大学時代の回顧」（未公開資料 朝鮮総督府関係者録音記録（13））『東洋文化研究第一四号、四二一―四五二（学習院大学東洋文化研究所）。

・本特集は二〇一七年一一月四日に神田外語大学を会場として開催された、第一八回研究大会でのシンポジウム「病いと医療」を基にしている。シンポジウムの発表は次のようにおこなわれた。

・発表者
秀村研二 「趣旨説明」
野崎充彦 「朝鮮時代の疾病と医療観―天人相関の視点から」
愼 蒼健 「伝統医学における自画像の形成と展開：その〈鏡〉との関係」
澤野美智子 「『ファッピョン』としての乳がん

朝鮮時代の疾病と医療観――天人相関の視点から

野崎充彦

一　はじめに

朝鮮時代の疾病や医療について知ろうとするなら、古くは三木榮『朝鮮医学史及疾病史』[1]、今なら以前、筆者が書評で取り上げた申東源氏の『コレラ、朝鮮を襲う』[2]（二〇〇四年）や、同じく申氏の著作である『朝鮮医薬生活史』（二〇一四年）・『東医宝鑑と東アジア医学史』[3]（二〇一五年）などをはじめとする著作をひも解くに如くはないだろう。筆者は本来、韓国古典文学および、それに関連する伝統文化論を専門とする。従って、狭い意味における朝鮮時代の疾病や医療を語るには不適格であり、またそのような意図も無い。本稿の目的はあくまで伝統文化論的な視野から朝鮮時代の疾病や医療にアプローチした場合、どのような考察が可能かにある。

具体的には朝鮮時代の疾病観は「天が病むとき地が病み、地が病むとき人もまた病む」という、いわゆる天地人の相関論（天人相関）が基層をなすものと捉え、以下、天が病むとき、即ち天候異常への対応や、地が病むとき、即ち風水的な裨補《ひほ》観の変遷を踏まえたうえで、朝鮮時代の疾病と医療観について王朝実録などの歴史資料や野談などの文学資料を通じ、その特質のいくつかを考察しようとするものである。天人相関論は古代中国に発し、朝鮮でも高麗時代以前から広く流布していたことはいうまでもないが、文献資料的には朝鮮時代がはるかに豊富であり、また近現代とのつながりを考えるうえでも好位置にあるといえよう。本稿が朝鮮時代を基点とした所である。

二　天が病むとき──祈雨祭と陰陽の調和

日食や月食、また各種の星変や旱魃・大雨などの天候異常に際しては「天譴」と受けとめて国王はその行いを改め、酒禁や恩赦などの施策、および祈雨祭などを行って天道の調和回復に努めたことはよく知られていよう。旱魃に苦しんだ太宗の忌日（命日）には必ず雨が降り、人々はそれを太宗雨と呼んだという伝承もその反映の一つである。(4) ここでは祈雨祭を例に見ることにしたい。

農本、即ち農業を国家経済の根幹としていた朝鮮王朝にとり、天候不順はゆゆしき一大事であった。それゆえ、作物の出来高を左右する降雨については異常なほどの神経を遣い、干魃に際しては国王をはじめ、祈雨祭を誠心こめて執り行っている。祈雨の方法は多種多様だが、ここでは『大典会通』巻三 礼典の「祈雨祭」の条(5)によってその概要を見てみよう（増補部分は省略）。

・初次　三角山・木覓山《もっけい》（南山《ナムサン》のこと＝筆者）・漢江、堂下三品官を遣わす。
・再次　龍山江・楮子島、従二品官を遣わす。
・三次　風・雲・雨・山・川・雩《う》祀、従二品官を遣わす。
・四次　北郊、従二品官を遣わす。社稷、正二品官を遣わす。
・五次　宗廟、正二品官を遣わす。
・六次　三角山・木覓山、漢江に虎の頭を沈める。近侍官を遣わす。

・七次　龍山江・楮子島、正二品官を遣わす。
・八次　風・雲・雨・山・川・雩祀、正二品官を遣わす。
・九次　北郊、正二品官を遣わす。慕華館の池辺に蜥蜴童子、武従二品官を遣わす。
・十次　社稷、議政を遣わす。慶会楼の池辺に蜥蜴童子、武従二品官を遣わす。
・十一次　宗廟、議政を遣わす。春塘池辺に蜥蜴童子、武従二品官を遣わす。
・十二次　南門を閉じ、北門を開く。市を遷す。五方土龍祭、堂下官三品官を遣わす。

六次の漢江に虎の頭を沈めるのは、龍虎の対立（龍は雨、虎は風を意味する）を利用し、水中の龍を怒らし降雨を得ようとしたもの。九・十・十一次の蜥蜴童子とは龍や蛇と同じく水獣である蜥蜴を甕に入れ、青衣を着た子供が柳の枝につけた水をふり撒きながら祈雨を祈ったもので、中国でもよく行われた類感呪術の一つであり、宋代以降の各種の文献に見える(6)。

十二次の南門を閉じ、北門を開き、市を移すのは『釈典・祈雨・安宅』に

——…旱魃時に南門を閉じて北門を開くは、南より流入する陽気を防ぎ、且つ北より陰気の流入を促して都城内に於ける陽陰の気を調節し、この調節に依って雲雨を生ぜしめるまでに陰気を盛ならしめむとするものであり、市を南方に徙《うつ》すも亦《ま》た南方の陽気を市の陰気に依って冲和し、且つ同気相求めることに依り、陰気を盛にし雲雨を結ばしめんとするものに他ならない(7)。

と説くように、陰陽の気の活性化を図ったものである。因みに、城門の開閉については李圭景（一七八八年〜？）の『五洲衍文長箋散稿』巻六「里門興仁門弁証説」に、都の北方に位置する粛靖門を開けると城内に桑中河間の風が増(8)

大するので閉じてしまったという伝承があったことが記されており、祈雨とは異なるとはいえ、城門の開閉と陰陽の気との関連は朝鮮時代、長らく信じられていたことがうかがえる。また、『朝鮮の鬼神』では市を遷すのは飲食を謹んで天に対する謹慎の意を示すためだともいうが、(9)これも為政者の不徳が天地の陰陽の調和を乱したとする天譴思想にもとづくものだろう。移市のほかに恩赦などの行政措置も取られたりしているが、これも冤罪に陥った者の冤《うら》みが天地の調和を狂わしかねないとの配慮から出ている。これらの他にも巫堂やパンス（盲僧）や僧侶による祈雨もあったが、その詳細については省く。(10)

祈雨はその性格上、ソウルのような都でのみ執り行われたわけではない。旱魃が起こり、水不足に陥った地域ならどこでも祈雨が必要だったからである。興味深いのはその祈雨の方法が移市のように中央と地方で共通なものがある一方、地方独自の祈雨行事がなされていたことである。例えば、祈雨祭に参加する村民が各家の軒先に、水を入れた瓶に柳や松の枝で栓をしたものを逆さにして懸けつるし、瓶の中の水が栓にした木の枝をつたってポタポタ落ちるようにする「懸水」や、また村の女性らが河に入り、箕で水を掬いあげて全身に水を浴び、その箕を頭に載せたまま陸上を駆け回る「汲水」（または散水）がそれである（忠清南道扶余・恩山地方）。

これらは、類は類を呼ぶ類感呪術であることは言を俟たないが、中央では蜥蜴童子による汲水という中国由来の行事がより朝鮮の土俗に即したものになっている点が興味深い。また村の婦人を総動員して放尿の放列を布くなどの奇祭もあるが、こちらは陰である女性が水を撒き散して降雨の状をなすことによって同じく陰なる雲雨を招こうとしたものとされる。(11)

この他にも本来豊年を祈願する年中行事である綱引きが厳しい旱に際して、夜中に綱引きをして降雨を祈るというような地域もあるが（蔚山・晋州）、さらに土俗的なものに不浄化による祈雨がある。これは祈雨を行う祭場や、龍神が棲むと信じられている清浄なる場所でブタや犬など最も不潔とされる獣を屠殺し、その生き血を注ぎかけて汚すことによって降雨を求めようとするものである。不浄を嫌う龍の性格を利用し、龍が汚物を流し出そうとして大雨を降らすことを期待するもので、古く高麗時代から行われていたとされる[12]。

この不浄化行事に属するものに「暗葬あばき」がある。暗葬とはすでに他人の所有する風水上の吉地に己の父母の遺体を埋葬し、よって風水の発福を得ようとするものであるが、旱魃が起きると、山神が不浄なる暗葬に怒ったためとして、村人が大挙して暗葬で葬られた遺骸を掘り出し、それを地面に曝してしまうことによって祈雨を求める事件が頻発したという[13]。確かに、これも不浄化行事の一種ではあるが、ただし、この場合は風水上の吉地、すなわち明堂を流れる龍脈と、降雨を司る龍神との混同がその背後にあるように思われる[14]。

『大典会通』に記された中央政府による祈雨祭が徹頭徹尾、天地の陰陽の調和回復をめざした抽象的なものであるのに対し、各地で行われた懸水や汲水、綱引きや不浄化行事はより土俗的・具体的な性格を帯びるが、それこそは祈雨祭の郷土化、または固有化傾向を示すものといえよう。

因みに、解放後の祈雨祭の状況について見れば「現在ではほとんど祈雨祭の挙行状況をみるのは難しい」というように[15]、多くは姿を消したようだが、唯一、忠清北道だけは六五箇所にのぼる祈雨祭調査が報告されている。そこでは、祈雨祭の形態により、山上や川辺で祈祷や祭祀を行う「山川祈祀型」(36 数字は報告数を表す。以下同じ)、獣を捕らえ、その頭を水中に入れたり、血を撒いたりする「動物供養型」(10)、水を入れた瓶に松枝で蓋をし、水滴を垂らす「懸滴瓶水型」(8)、川の水を箕で掬ったり、体に浴びたりする「川水掬箕型」(8)、巫女が祈雨する「巫女祈雨型」(1)、それに暗葬破墓する「暗葬破墓型」(2)の六つに分類し、その分布を提示している[16]。『韓国民俗綜合調査報告書』は地域によって調査の精粗にややバラつきがある印象が否めないが、今そのことは問わないとすれば、先に見た『大典会通』記載の祈雨祭に比べ、民間信仰に基づく土俗的な祈雨祭は一部の地域に限定されるとはいえ、比較的長いあいだ維持されたものといえよう。

三　地が病むとき——裨補風水とその現代的展開

地の病とは朝鮮の場合、風水思想に基づく気脈の盛衰や損傷を意味し、そこでは病んだ地（気脈）を癒すことを主眼とする裨補風水が大きな比重を占めている。裨補とは「不完全な地、或いは問題のある地を完全に直して用いる行為」を意味する。(17)

もとより風水の吉地には完全なものは少ないため、大なり小なりその補完については古来より論じられてきた。たとえば、郭璞（二七六〜三二四年）が著したと伝わる『錦嚢経』には「目力之巧と工力之具にて、全《まった》きを趨《お》いて闕を避け、高きを増して下《ひく》きを益せば三吉なり」とあるように、高低の人工的な調節による吉地造成を説く。(18) また朝鮮時代に広く流布し、ソウル遷都にも決定的な影響を与えたことでも知られる『地理新法』（宋の胡舜申著）にも「謂わゆる形勢は陰陽の造化融結して成る。人は山川の自然に依り、心目之巧と法術之妙を以て方を弁じ、位を正して建立す。則ち此れ亦た天は人に因《よ》らざるなく、人は天の成さざるなしの説なり」と人と天は互いに依存関係にあり、また人間の主体的な行動によって風水の形勢観（ここでの形勢とは明堂を指す）が見出される。即ち、人為による明堂の可能性に言及しているのである。(19)

朝鮮、特に高麗時代ではこの裨補風水が流布し、天変地異の続いた十五代粛宗（在位一〇九六〜一一〇五年）のとき、衰えた地気を回復させるため衛尉丞同正（陰陽官）の金謂磾が『道詵秘記』によって主張した「三京順駐駅説」（中京＝開城・南京の木覓城＝ソウル・西京＝平壌）を国王が四ヶ月ずつ順番に三つの都で過ごすこと）を実行しはじめたし、神宗元年（一一九七年）にはその名も山川裨補都監なる官庁が設けられもした。

その伝統は朝鮮時代も変わらず、ソウル遷都後にもさまざまな裨補策が講じられている。例えば、太宗九年（一四〇九年）二月乙巳には宗廟の南に仮山（人工の山）を造らせているが、『東国輿地勝覧』巻三「漢城府山川」

の条に「都城の水口（河水の流れ出るところ）の内・訓練院の東北に在り。一は水南に在り、一は水北に在る。土を築いて山と為す。土気を蓄えるに似たり」とあるように、それには気脈を保つ狙いがあったのは確かだろう。また、西大門は太宗十三年（一四一三年）に現在の場所に移転されたが、それは風水学生の崔揚善が「地理（風水）を以て国土を考うるに、蔵義門と観光坊東嶺の路は乃ち景福宮の左右の臂なり。乞う、路を開くることなく、以て地脈を全からしめよ」と主張したことに基づくものだった。[20] 続く世宗十年（一四二八年）正月乙丑にも景福宮の主山および左臂の山脈に松を植えさせたうえ（松には地気を保つ力があるとされる。因みに、開城の別名は松都だった）付近の人家を移転させているが、それも同様の目的によるものだろう。

このような例は枚挙にいとまないが、村山智順の『朝鮮の風水』でも「…地の欠陥を裨補することに依ってその地気を吉変し、地力を恢復旺盛ならしむること」だとし、[21] 風水塔や寺院の建設、および松の植栽、鉄龍などの鋳造物を埋める、造山など様々な方法を詳しく列挙し、それが効果をあらわす理由として補虚（風水塔や寺院の建設、造山などで風水上の不足を補う）、地気の保全（松の植栽）、それに五行相生（土に金属を埋めて「土生金」による生気の運行を促す――鉄龍の埋設）などを根拠としている。[22]

この裨補風水、特に高麗の風水マスターと呼ばれる道詵（八二七〜九八年）の裨補風水に注目し、朝鮮は古くより中国風水とは異なる独自の風水思想、即ち自生風水が定着していたと提唱したのが現代韓国風水研究の第一人者崔昌祚氏（元ソウル大学地理学科教授）である。数多い崔昌祚氏の著作の中でも、もっとも注目すべきは『よき地とは何処をいうか』と『韓国の自生風水』であるが、[23] 前者では、天地人の気の相互関連性と風水に関わる人間倫理を強調するとともに、中国風水を「道教の堕落した枝葉」として厳しく否定し、中国伝来の風水とは別個に存在したとする朝鮮独自の風水思想を標榜した。

氏がここでいう朝鮮独自の風水とは、明堂からの発福のみを得ようとするようなさもしいものではなく、もし、その地に欠陥があれば、病んだ子を母親が慈しむように癒すことを目的としたものなのだという（即ち、裨補風水）。

特に、従来の陰宅風水は表面的には祖先への孝を重んじながらも、その実、明堂による栄達獲得を狙った利己的なものとして排斥され、特定の個人ではなく共同体、ひいては国家や民族全体の共存共栄に役立つものこそが真の風水であると主張。韓国各地の実例を挙げながら、説き明かしたのが『よき地とは何処をいうか』なのである。

崔昌祚氏のこのような革新的、もしくは理想主義的ともいえる風水理論は、やがて『韓国の自生風水』に結実した。そこでは、高麗の太祖王建の誕生を予言し、裨補によって国土の保全をはかった風水マスター道詵こそが、韓国本来の風水思想を体現したものだと位置づけられる。この書では、もはや理論的な考察は殆ど影をひそめ、臨場感あふれる明堂の現場における検討が主流をなしているが、それを端的に示すのが第二巻の「韓国の明堂資料集」だろう。七六〇頁を優に超える本書には、韓国全土の数千箇所に登る明堂の地が、それにまつわる伝承とともに網羅されており、まさに圧巻というほかない。文字通り、氏の畢生の大作であり、韓国風水研究の記念碑的著作として永く後世に残ることは確かだろう。

ところで、氏の主張する自生風水が高麗の風水マスター道詵の裨補風水に淵源するものであってみれば、道詵の主な活動地域であったはずの朝鮮北部の実地踏査は欠くべからざるものだが、南北分断という政治状況に阻まれ容易に実現することはできなかった。しかし、中央日報の企画とあいまって遂にその「宿願」が実現する。『北韓文化遺跡踏査記』がそれである。[24] そこでは平壌の大同門や練光亭・永明寺や開城の満月台・会慶殿などの名所旧跡のみならず、王建や恭愍王、それに檀君陵といった王陵まで含む多様多彩な現場で、文字通り水を得た魚の如く縦横無尽に自生風水の可能性が論じられているが、その基層には南北の伝統文化の「同一性」確認に対する渇望が熱く滾っているのである。

しかしながら、崔昌祚氏のある意味においてナイーブで純粋な自生風水説がそこにとどまる事を許されることは無かった。なぜなら、高度経済成長に伴い、不動産投機の嵐に巻き込まれた韓国社会の渦中にあって、風水思想の有効性が不断に問われる事態に直面せざるを得なかったからである。それは氏にそれまでとは異質で新たな苦闘を強いるものだったが、その中から生み出されたのが『都市風水』である。[25] そこでは、かつてのような風水の本質を追求し、少しの妥協も許さない求道者的な峻厳さは姿を消し、「明堂は探すものではなく造るものだ」とか、「いま我々が住んでいるところが明堂である」という温和で現状肯定的な姿勢に変わるのだが、それが遂には「地価の高いところが即ち明堂だ」とする極論にまで達するのである。[26]

このような崔昌祚氏の自生風水説に対する賛否両論は甲論乙駁状態を免れないが、[27] それこそが取も直さず、氏が風水なるものを韓国社会に定立させようと苦闘した軌跡に他ならないといえよう。筆者は昨年、ソウルに長期滞在したおり、氏の自宅を何度も訪れ、長時間インタビューを試みた。その成果については後日を期したいが、一九九二年に初めて出会って以来、四半世紀にわたって氏の自生風水の行方を見つめ続けてきた者として言うならば、[28] これほどまでに自生風水の評価を定めがたいのは、崔昌祚氏が「傍観者」としての研究者ではなく、あくまで「実践者」としての研究者だったことに最大の理由があると思われる。実践者であったがゆえに自生風水なる革新的な学説の提唱をなし得たものの、同時にそのことが傍観者的（もしくは客観的）な言説を採ることを困難にしており、そこに謂わゆるアカデミックな研究方法の欠如をあげつらう批判が集中しているわけだが、氏の所説を受け継ぎ、発展させうる後継者のいないことが惜しまれる。

以上、見てきたように、自生風水は未だ「審議未了」だとしても、中国由来の風水思想が朝鮮の風土これほどまでに深く浸透し、自生風水なる説を生み出したのであれば、それこそは風水思想の固有化、または朝鮮化傾向を示すものとして特筆に価するものであることは確かだろう。

四　朝鮮時代の疾病と医療観

1　王族・士大夫の病と治療

まず何人かの国王の疾病と医療の様相について見ることにしたい。もとより彼らに関する資料は王朝実録をはじめ、もっとも豊富だからである。

（1）王族と疾病――正統漢方と郷薬のあいだ

第九代成宗（在位一四六九～九四年）は三七年の生涯に十六男十二女を設けた精力家であり、酒色を好んだことで知られるが、廃妃尹氏の一件が大きなストレスをもたらしたためか、次第に心身を病むようになった。――（医官）の宋欽が入内し（診察を終えてから）出て言うに、

「国王のお体は痩困し、脈度は浮数で昨日は六指、今日は七指。面色は痿黄で腰下には積聚があり、（呼吸は）吐くことが多く吸うは少なく、また唇は乾燥しておられた。王が声を厲《はげ》まし薬について問われるので、清心蓮子飲や五味子湯、清心元等の薬には清涼なるものが入っており、渇きを止めることができますゆえお召し上がりください、と申し上げた…[29]」

積聚とは精神的ストレスに起因する内臓疾患の総称で、『霊枢』などの古代中国の医学書にもみえる。[30]ここで医官の宋欽が勧めた清心蓮子飲とは消渇（絶えず喉が渇く病。糖尿病に類するものといわれる）に効果があるとされる薬。[31]五味子湯は甘・苦・辛・塩・酸の五つの味がすることから命名されたとされ、今日でも疲労回復などに広く用いられている。[32]清心元は、もし清心丸をさすものならば様々な痛痒を抑える薬として用いられたものだろう。[33]

これらはいずれも『東医宝鑑』にも見えるものなので、常識的な処方だったといえる。

しかし、王族に対する医療はそのような「オーソドックス」なものばかりではなかった。例えば成宗の世子（のちの燕山君）が面瘡が治らず苦しんでいたとき、成宗が晋州在住の一婦人がすぐれた治療をするとの噂を聞きつけその薬方を詳しく問いただせたりしているからである。(34)その背景には高価すぎる唐薬の輸入を制限する一方、『郷薬集成方』の重刊に見られるような成宗代の医療の「朝鮮化」もしくは「民俗化」推進化政策の影響もあったものと推測される。

このような風潮は当然ながら士大夫階級にも及んでいた。成俔（一四三九〜一五〇四年）の『慵斎叢話』には次のような怪しげな医女さえ登場している。

――済州島から上京した医女がいた。通常の医術は知らず、ただ虫歯治療だけを業とした。士大夫の家では争って迎えるほど人気があり、女が死ぬとその娘が術を受け継いだ。私（成俔）も一度呼んで治療を受けたが、人を仰向けにして開口させ、銀の刃物で小さな白い虫を取り出すというものだった。刃は歯に入らず、血も出ないのに、いとも簡単にやってのける。術は秘して人には教えず、朝廷から問われても決して口外しなかった。きっとそれは幻術であり、まともな業ではないのだろう。(35)

成俔には「歯痛」という漢詩があり、「…柔粥を吸呑して、ただ飽くを思う…」などと記しているので、虫歯に苦しんだのは確かなようだ。(36)ところで、同時代の李陸の『青坡劇談』巻六には、この医女についてさらに詳しい記述がある。それによると、医女の名は加氏で、そのあとを同じく済州島出身の張徳なる女が継いだが、虫歯だけでなく、目や鼻の疾患も扱った。糸をつけた針を操って患部から無数の虫を取り出すのも同じ。しかも、その虫は数日のあいだ生きていたという。多くの人が目にしたが、どんな術なのか見当もつかなかった。朝廷は張徳を恵民署に配属し、他の医女にも学ばせようとしたものの、うまくいかず、ただ、張に仕えていた奴婢の玉梅だけが習得したので、張の死後は玉梅を採用したという[37]。

李陸自身も実際に張徳を見ており（隣家だったという）、幻術だとするのは成俔と同じ。そのうえ、李陸は前に訪れた中国で見た、口から飲んだ針を鼻の穴から出したり、炎の中からハトを取り出すマジックまで引き合いに出しているが、成俔や李陸ならずともトリックだといいたくなるほど面妖な医術ではある。このような「医術」に接したとき、同時代の成俔や李陸らさえ幻術だと疑って憚らなかったのであり、まして我々のような現代人にとっては荒唐無稽に思われるのは当然だろう。しかし、済州島出身の医女の虫歯治療にはれっきとした「根拠」があったようだ。許浚の『東医宝鑑』外形篇には次のような虫歯に関する記述が見える。

（蟲蝕痛）

凡そ人の飲食して歯を潔《きよ》くする能わざれば、腐臭の気淹漬し、日久しくして歯齦《しぎん》に孔ありて、虫がその間を蝕み、一歯を蝕み尽くせばその余に度る…齲とは歯の蠹《むし》なり。歯の虫が蝕んで痛むを謂うなり[38]。

歯齦とは歯茎、齲とは虫歯を意味する言葉。つまり、ここでは謂わゆる虫歯とは歯を蝕む虫によって生じるといい、その治療法として次のような処方を提示する。

（牙蟲を出し、蟲を殺す法）

蟲歯を治すには小さな瓦片の上に油を置きて韮子を拌し、焼烟して水椀の上に閣《お》き、恰も漏斗のごとくこれを覆い、蟲歯を以て漏斗の口中の烟を受ければその牙の中の虫の鍼の如きものは皆、水椀中に落ちる…[39]。

ここでは更に韮を焼いた烟で口中をいぶせば、鍼のような細い虫歯の原因となった虫が苦しがって出てくるといっているのである。因みに、（蟲蝕痛）は『本事方』、（牙蟲を出し、蟲を殺す法）は『医学綱目』なる医書に基づく処方だとする。[40] 以上のことから、済州島出身の医女の虫歯治療が幻術であったかどうかはともあれ、虫歯の原因は何らかの蟲が不潔にした歯を蝕むことにあるという考えは中国や朝鮮の伝統医学には古くから存在しており、済州島出身の医女はあくまでその「常識」に則っていたと見るべきことがわかろう。

さて、先ほどの世子時代の燕山君の面瘡のように、朝鮮時代の王たちは腫気と総称されるデキモノに苦しんだようである。孝宗（在位一六四九〜五九年）もその晩年、耳の下にできた小さなデキモノが頭に転移するや、その毒が全身にまわって重篤になる。そこで、御医の申可貴が鍼を打って膿をだすことにするが、出血が止まらなくなってしまう。

——上（王）が大造殿で昇遐された…（略）血が鍼穴より出ると、上（王）が曰わく…〟（申）可貴に微《あら》ざれば病は幾ど危うからん〟（しかし）血が湧いて止まらず、蓋し鍼が血絡を犯せしなり… 血竭等の薬を促進《すす》めて塗るも猶《な》お止まらず、提調及び医官らは 爲すところを知らず。上の候《ようだい》は漸《しだい》に危急に向かい、薬房は清心元や独参湯を進めた…[41]。

血竭とは血竭散のことで、歯痛や悪性の瘡、および痔ろうの痛みに用いる薬剤である。[42] 独参湯は虚労や吐血後の羸弱や気の微少に処方されるものだが、[43] それはともかく、ここではこともあろうに御医の鍼施術の失敗がもとで国王が出血死に至っており、腫気治療の難しさがよくうかがえよう。仁祖代に生まれ、孝宗・顕祖・粛宗代にかけて活躍した白光炫はもと馬医であり、大鍼で疔疽《ちょうそ》（悪性のデキモノ）を裂いて、病根を抉り出す荒っぽい療法を得意として神医と呼ばれたが、患者の中にはときに命を落とすものもいたという。[44]

二十二代の正祖（在位一七七六〜一八〇〇年）も腫気に苦しめられたことはよく知られている。あるとき頭部から顔面にかけて腫気が広がったが、御医らでは一向に快方に向かわなかったため、民間から皮載吉なる医師を呼んで治療に当らせた。すると、皮載吉は膏薬だけを用いたが、すぐれた効能があり、その功によって薬院の鍼医に任じられたのだった。[45]この話は朝鮮後期の野談集『青邱野談』にも多少誇張された内容で収録されており、[46]朝野を問わず腫気に苦しむ患者の多かったことがわかる。

ここで少し趣を変え、いわゆる疫病について少し見ておこう。疫病の代表格はいうまでもなく「媽媽」と呼ばれた天然痘だが、これに関しては冒頭で言及した申東源氏の『虎患、媽媽、天然痘』のような専著がすでにあるので、[47]少し毛色の変わった事例を挙げておきたい。

先にも登場した成宗の世子として王位を継いだ燕山君は朝鮮王朝きっての暴君として名高いが、その治世中のことである。斉安君（一四六六〜一五二五年）という「バカ殿」がいた。父は第八代の睿宗であり（在位一四六八〜六九年）、祖父は第七代の世祖という血筋ながら、あまりに愚昧であったため、王位は成宗（叡宗の兄である徳宗の子息）が王位を継ぐことになり、早々に世子レースのような権力争いの埒外に追いやられた人物として知られている。[48]

あるとき燕山君がこの斉安君の屋敷に蕾英院を置いた。[49]この蕾英院とは当時、運平とか興清とかの別称で呼ばれた妓生たちの居宅の一つである。しかも、その二カ月後、おりから猛威を振るう疫病を恐れた燕山君は自分が訪れる前に、「牛糞を焼いて之を禳《はら》う」とあるように、牛の糞を焼き、その煙で蕾英院を燻わせているのだ。[50]『東医宝鑑』（湯液篇巻1獣部）には牛糞を戸門に塗ったり、焼いたりすれば「悪（気）を辟《へき》す」とあるし、また『燕山君日記』十二年（一五〇六年）四月二七日丙子の条にも「牛糞殺鬼丸」なる薬名らしきものが見えるので、牛糞は当時よく用いられたものと思《おぼ》しいが、水腫や霍乱《かくらん》（夏季の激しい下痢や嘔吐を伴う病気の古称。日射病なども含む）にも処方される牛糞が何ゆえ疫病に有効なのかはわからない。

2　士大夫世界の医療と養生法

以上、王族と関連する医療記事を見てきたが、次に士大夫世界に目を転じよう。「儒医」なる言葉がある。日本では医者で儒学に通じたものを指すが、朝鮮では「才の及ぶところ医学に達し、特にこれを以て名を得るに至った儒者を云う」とあるように、[51]朝鮮士大夫にとって程度の差こそあれ、医療・養生知識は四書五経に次ぐ生活教養知識のうちに位置づけられていた。それは『東医宝鑑』の序に「人の疾病はみな善く調摂せざるより生ず。修養を先となし、薬石はこれに次ぐ」とあるように、養生すなわち予防医学を重視したのである。

かの栗谷李珥（一五三六〜八四年）が道教的方法を勘案した「医薬策」で、

——脩短の数は天に在ると雖も保養の機はそれ人に在らざるや。この故に未然の前に気を養い、已然の後に病を治す。正命を順受して摂生を失わず。医病の方はかくの如きに過ぎず…。[52]

と説く。つまり、人の寿命の長短は天命だとしても、よく保養できるかどうかは本人次第であるから、罹病の前に気を養い、罹病の後に病を治すことによって本来の命を大切に享受すること。病の対処法はそれだけだというのだが、『東医宝鑑』の序ともよく呼応するものだろう。

朝鮮時代の養生法にもっとも影響を与えたのは道教であった。道教とは本来、神仙のような不老長寿をめざすものであり、その実現法として外丹と呼ばれる服薬による仙化をめざすものと、内丹と呼ばれる呼吸法や導引（ストレッチ）など身体的修練法による仙化をめざすものがあるが、ともに伝統的医学に深く浸透した。『東医宝鑑』で許浚が「道（道家・道教）はその精を得、医はその粗を得」（内景巻一集例）と記したように、その思想的基盤を道家・道教においているのもその一端である。その伝統は根強く、李昌庭（一五七三〜一六二五年）の『寿養叢書類輯』や崔奎瑞（一六五〇〜一七三五年）の『降気要訣』、そして実学の大家である徐有榘（一七六四〜一八四五年）の

『林園十六志』に至るまで、道教的医学養生書の系譜が連綿として受け継がれたのだった[53]。

さて、内丹の身体修練法の一つである呼吸法はかの朱子が実践したことでも知られ[54]、朝鮮士大夫のあいだにも広く普及した。例えば、金時習（一四三五〜九三年）は「龍虎」なる内丹論において、正座して精神を整え、一呼一吸して元気を養う…人は一日に一万三千五百回の呼吸（息）をするので、一年で四八六万息となり、その間に身体の汚濁は消え去る…十ヶ月で胎が生じ、一年で小成、二年で大成し…天地と寿命を等しくすることができる、とその効用を説く[55]。

また天文・医学・風水・語学などに秀で、博学で知られた北窓鄭𥖝（一五〇六〜四九年）も『龍虎秘訣』（または『北窓秘訣』）で閉気（呼吸による精神統一）・胎息（丹田で行う呼吸）・周天火候（丹田の気を全身にめぐらす技法）を説いているが[56]、北窓の弟である鄭碏（一五三三〜一六〇三年）は兄と同じく恵民署教授をつとめただけでなく、『東医宝鑑』の編纂にも参画している。さらに、北窓の甥である鄭之昇（一五五〇〜八九）にはその居所とした精舎に大亀が出現したという神仙説話的な逸話が伝わり、その孫の鄭斗卿（一五七九〜一六七三年）は洪万宗（一六四三〜一七二五年）の『海東異蹟』（朝鮮の神仙説話集）に序文を寄せていることからも分かるように、北窓一門には道教世界と関わりの深い人物が少なくなかった[57]。

『洪吉童伝』の作者として知られる許筠（一五六九〜一六一七年）は道教世界にも傾倒しており、彼が残した異人伝には神仙的人物も登場するが、なかでも不貞をはたらいた愛妾を殺害し、山中に逃げ込んだ南宮斗が異僧から呼吸法や辟穀（五穀を口にせず、体内を清浄に保つこと）修練法を学んで丹を成し、神仙になろうとするものの、あと一歩のところまで行きながら功を焦って失敗するという「南宮先生伝」がもっとも知られよう[58]。あたかも芥川龍之介の「杜子春」のモデルになった唐代説話を彷彿とさせるが、あくまで許筠自身が南宮斗に実際に会ったとし、尊敬する先輩詩人の李達にも自作を送って読ませたといわれる[59]。或いは「実話」だったかも知れないが、許筠らしく文学的なデフォルメが加えられているのは確かだろう[60]。

南宮斗ほどではないにしても、身体修練法によって超人的になる話は数多い。柳夢寅（一五五九～一六二三年）の『於于野談』にはゆっくり呼吸をすればするほど長生できるようになると知り、修練の後、ついに一呼吸のあいだに百を数えられるようになった宣伝官の柳肇生が、あるとき乗船していた船が沈んで河に落ちたものの、息を止めたまま川底を歩いて渡り切って命拾いした逸話を記している。[61]

このような呼吸法による養生は道教の内丹と呼ばれる身体技法に基づくものだが、今日では国仙道にその命脈を保っている。国仙道とは丹田呼吸による気の修練を行うもので、中国道教で説く内丹にきわめて類似するものの、外国からの伝播ではなく、古代朝鮮に淵源することを主張するところに特異性がある。しかし、その由来は些か漠然たるもので、古仙人の天気道人から始まり、以下、桓因・檀君・永郎・玉龍子・崔孤雲（崔致遠）・百恵子（李恵孫）・青鶴真人（魏漢祚）・雲鶴道人・青雲道人…と連綿と現在に至るまでの系譜を提唱するのである。[62]

そこに登場する人物を見れば、崔致遠や永郎[63]や魏漢祚[64]など朝鮮道教史でよく言及される人物が並ぶのは当然としても、桓因や檀君までが名を連ねているのが目を引こう。それはいうまでもなく朝鮮仙派の始原を『三国遺事』などの神話に求めようとする民族主義の発露であり、朝鮮仙派の祖として檀君を巻頭に戴く洪万宗の『海東異蹟』と軌を一にするものなのである。[65]

朝鮮仙派の形成は道教の朝鮮化を意味するもので極めて興味深いが、今ここで深入りする暇はないので、話をもとに戻そう。呼吸法はヨガや気功などでも重んじられ、それなりの合理性を持つものだが、士大夫といえども常に合理的な行動ばかりしていたわけではない。先にも引用した『於于野談』には七十を超える高齢でありながら、妙齢の妓女をも魅惑するほどの精力を誇る老人の秘訣が、毎日鉄を沈めた一椀の水を飲むことだと知った宰相の洪淵がまねをして鉄水を服用したところ、忽ち病を発して死んだ話を伝えているように、一歩間違えば命を失いかねない危うい迷信に満ちたものも少なくなかったからである。

『於于野談』は説話集の性格が濃く、許筠の南宮斗同様、現実味に乏しい感は否めない。しかしながら、養生法という名の身体修練はたとえそれが中国発祥であろうとなかろうと、自己の身体において実現されるべきものであってみれば、その朝鮮化もしくは個人化や個別化こそは当然、志向されるべきものであった。かの李退渓（一四八九～一五五四年）さえも「書許観察所蔵養生説後」で[66]、「天仙は願わず、地仙となりたい」と願ったように、朝鮮士大夫の道教思想に対する傾倒ぶりは衒学趣味や健康法の域を遥かに超えていたことを留意すべきだろう。

なお、李文楗（一四九四～一五六七年）の『默斎日記』は士大夫階層の疾病と医薬に対する生活を余すところ無く描いた朝鮮時代屈指の資料と評される。そこでも難病に苦しみ、治療に行きづまれば即、各種の占いや巫堂のクッ・盲僧の読経といった「迷信」にすがりつく姿を至るところで垣間見ることができて実に興味深いが、それについてはすでに申東源氏の先行研究があるので、ここでは割愛しよう[67]。氏の『コレラ、朝鮮を襲う』の書評でも述べたように、東洋医学は陰陽五行思想に基づく抽象性を脱しえなかったが、十七世紀後半以降、西洋医学の知識の流入とともに解剖学の知識が増大し、人体の中心もそれまでの心から脳へと移行しはじめる。それは身体的宇宙論のコペルニクス的転換ともいえるものであり、やがて丁若鏞や崔漢琦ら実学者たちの西洋医学への果敢な挑戦を導くことともなった。しかし、それらはあくまで当代の「最先端」の医学的知見であって、朝鮮時代の医療観を代表するものとは言いがたい。そこで次に、様々な文献資料によって朝鮮時代の民間医療の世界を垣間見ることにしよう。

3　名医譚にみる民間医療の世界

古くは山本周五郎『赤ひげ診療譚』（一九五八年発表）やアメリカＴＶドラマの『ベン・ケーシー』（日本放映は一九六二～六四年）・手塚治虫『ブラック・ジャック』（一九七三～八三年『週刊少年チャンピオン』連載）、近くは山田貴敏『Dr. コトー診療所』（二〇〇四年第四九回小学館漫画賞受賞）や最近の人気ＴＶドラマ『ドクターX』に至るまで名医・天才ドクターに対する憧れは古今東西尽きないが、それは朝鮮時代でも変わらなかった。そこで、次に朝鮮の名医譚のいくつか、特に民間療法的な色彩の濃いものを見ておきたい。なぜなら、資料の性格上、王族や士大夫階級に関する情報は比較的豊富であるのに対し、民衆世界のそれは乏しく、その欠落を埋めるために名医譚はいくらかでも役に立つと思われるからである。

――柳瑺は幼いころより医術を学んで名を挙げたものの、まだ至らぬところがあるのを不満に思っていた。或るとき嶺南伯に随行して地方に下ったとき、偶《たま》たま山の中に迷い込み、そこで不思議な老人と出会って、秘められた医書を目にする。都に戻ると、おりから天然痘に苦しむ国王の夢に「柳医」が現れたため、柳瑺が王宮に迎えられるが、その途中、天然痘の子供を背負った女が旅の僧から柿蔕湯《していとう》で治ることを教えられたことを知り（それは山中で見た医書にもあった）、国王にも処方すると病は快癒し、柳は名声を擅《ほしいまま》にしたのだった。[68]

柳瑺（一六四三～一七二三年）は一六八三年に粛宗の天然痘を、また一六九九年にも世子の天然痘を治療し、その功によって中枢府事となって地方官にも任じられた実在の人物であり、『古今経験活幼方』なる医書を著したことでも知られる。柿蔕湯は今日でも用いられるしゃっくりを止める薬で、『済生方』なる医書に見えるそうだが、天然痘に効くというのは無論、作り話に違いないだろう。ここには名医の柳瑺でさえ知らない天然痘の特効薬が旅の僧から名も無い市井の女に伝えられたという、庶民の僥倖への憧憬があるとともに、柿蔕湯のようなありふれた薬が天然痘に効果ありとするのは既成の医術に対する失望が潜んでいよう。

同様のモチーフを持つ説話に、「投良剤病有年運」がある。

――或る老学究が人を待つために薬舗に居すわっていた。そこへ臨産の妻が人事不省に陥ったため薬を求めに男が来る。店の主人は医師の処方がいるというものの、そんな余裕はない。そこで老学究が藿香正気散を服用すれば治るというが、主人はその薬は「消痞解鬱」（痞は「つかえ」を意味する）の薬であってお産に用いてはダメだという。男がどうしてもとせがむので処方してやったところ、産婦は助かった。すると翌日、評判を聞きつけた別の男が来て、天然痘に罹った子供のために薬をくれという。そこで、老学究がまた藿《かく》香正気散を勧めると、やはり効果があったのである。やがて、噂が広まって評判となった或る日のこと、病に苦しむ宰相の子息が訪ねてきた。老学究が相変わらず藿香正気散を勧めたが、子息は嶺南一の儒医さえ治せなかったものをと馬鹿にする。しかし、その話を聞いた宰相が密かに薬を取り寄せて服用したところ見事に快癒したのである。のちに宰相が薬院提調の任に就いたとき、国王が病に苦しんでいた。そこで、同じ薬を勧めたところ、やはり快癒したのだった[69]。

ここに見える藿香正気散は『東医宝鑑』雑病篇巻二に記載されており、そこでは「傷寒陰証、頭痛・身疼を治す…」とあり、およそお産や天然痘などには効きそうもないので、前の話同様、既成の医術に対する失望が主題といえるだろう。とはいえ、たとえ薬剤と薬効が一致しないにせよ、薬を購入できるだけまだマシというもので、それさえもままならない庶民階級ならばどうすればよいのか?その切なる願いに答えたのが次のような話である。

――金応立は字も読めない常賤だったが、ただ人を見るだけでその病を見抜いたうえ、その処方する薬は他の医師が用いないものだった。金山倅（守令）の李銘の嫁が長いあいだ原因不明の病に苦しんでいたため、金応立に見せたところ、嫁の顔を見るや金は「胃に滞っているものがある」というや、水に溶かした飴を飲ませると、まもなく嫁が小さな茄子を吐き出した。それは嫁が十数歳のとき誤って呑みこんだものだったのである。

また、積年の沈痼《ながわずらい》に苦しむ李銘の甥を見るや、「薬などいらぬ。傷んでいない落葉を集めて煎じて飲むがよい」というので、やってみると病が治ったのだった。また、背中が弓のように曲がったままの病人がいたが、それには針のように丸めた紙で鼻孔を突いて終日くしゃみをさせると病状が消えてしまったのである。[70]

飴糖は脾(臓)を健やかにすると『東医宝鑑』内景篇巻三にあるものの、飴を溶かした水が昔飲み込んだ異物の吐瀉に効くとは到底思えない。煎じた落葉、それにわざとくしゃみをさせて病を治すのは正統な漢方でないことはいうまでもないだろう。金応立と同じく、文盲ながら瘍医として名をなし、正祖の痔疾治療も手がけたという李同の話が趙煕龍(一七九七年〜?)『壺山外記』にあり、そこでも鍼灸の他に、爪・髪・尿屎・津垢などの属のみならず、草木虫魚の一銭の値打ちのないものさえ用い、常に人に「一身のうちに自ずから良薬が具わる」と語ったという。[71]

これらの民間医療に用いられた「薬剤」は荒唐無稽で取るに足らないものだろうか?もしそうだとして、では何故このような「名医譚」が生み出されてきたのだろうか?そこには不十分で不確実な医療しかない時代に、それさえも満足に享受できなかった民衆の切なる願望が篭められていることはいうまでもないが、それ以外にも理由があるように思える。漢方がその成立から民間医療的な経験方によって発展成長してきた性格上、民衆それぞれの経験が反映される余地は大きいだろう。古代中国の神話では神農が百草を嘗めて薬効や毒性の有無を検証したというが、いわば市井の無数の無名の「ミニ神農」たちが自分たちの経験と願望を名医譚のなかに溶かしこんだものといえるかも知れない。

ところで、先にも引用した『韓国民俗綜合調査報告書』にも、各地域ごとに「民間医療」の項目があって興味深いが、事例が膨大すぎるため、詳細には立ち入れないが、一つだけ取り上げておきたいものがある。

〈천병〉（癲癇のこと）
雷に打たれ、色が赤くなった樹を薬に用いる…雷に打たれたものなら樹でなくとも、何でも（例えば稲のようなものでも）薬とする。
〈マラリア〉
…雷に打たれた樹を茹でた水を飲ませる。

がそれである。[72] なぜ、これが興味深いかといえば、古来、朝鮮には雷に打たれたものには金運が宿るという俗信があったらしく、或る一家が雷に打たれて倒れたところ、近隣の者が集まってその家の牛馬や什器・瓦に至るまで略奪したのみならず、まだ息のある主人や妻の肢体をバラして持ち去ったという、惨たらしくも珍奇な事件が『高麗史』に見えるからである。[73] 李陸の『青坡劇談』には、或る好色な大臣にまつわる艶笑譚として、

——雷鳴の激しい夜、大臣が雷よけに瓢《ひさご》をかぶって部屋を出る。廊下でその帰りを待ち構えた夫人が思い切り棒で瓢を叩くと、雷が落ちたと思った大臣は驚いて倒れ伏した。しばらくして部屋に戻った大臣が喜色満面で「我が家に慶事があるやも知れぬ」という。怪訝に思った夫人がわけを尋ねれば、「さっき厠に行ったとき落雷にあった。雷が落ちればその家は必ず富むというではないか」と答える。それを聞いた夫人が笑うと、大臣も大笑いしたのだった。[74]

という話が記されているので、朝鮮時代までこの民間信仰が生きていたことは確かであり、或いは『韓国民俗綜合調査報告書』の民間医療もこの伝承を受け継いだものかも知れないが、他の事例を見出すことができなかった。今後の課題としておきたい。[75]

五　おわりに代えて

以上、甚だ雑駁ながら朝鮮時代の疾病と医療観を概観してみた。はじめに断ったように、医学史専攻でもないもののアプローチにどれほどの意味があるのか、心もとない限りではあるが、それでも何らかのまとめを試みるとするならば、次のようなことが言えるかも知れない。

朝鮮時代の疾病観は「天が病むとき地が病み、地が病むとき人もまた病む」という、いわゆる天地人の相関論（天人相関）が基層をなしていよう。とはいえ、そのような抽象的な原則論だけで事足れりとするわけにはいかず、常に固有化・郷土化の作業を経てこそ始めて朝鮮の風土に定着しえたはずである。だからこそ、祈雨祭には中央とは違った地方独自の行事・祭事が組み込まれ、風水では中国伝来のものとは異なる、朝鮮独自の自生風水が標榜されるわけだろう。医薬の世界でも同じく、いわゆる漢方のみならず、郷薬のような韓方が考案されたのみならず、さらに民衆の世界に密着した薬剤や治療法が編み出されたのであり、しかも、それらの影響は韓国において今日まで保たれ続けているのである。

そのようなことは大なり小なり、どの国でも起き得ることだといえなくは無いだろう。しかし、有史以来、中国というスーパーパワーに政治・経済・軍事・文化などあらゆる面で影響を受けながら、自国なりの民族国家を経営してこなければならなかった朝鮮にとって、それは格別の意味があったはずである。常に中華文明の「普遍」的なる文物を受容しつつ、しかもそれに併呑されてしまうことなく、如何にして独自な民族（もしくは民俗）文化を形成するか？それこそが朝鮮に課せられた「宿命」であったし、これからもそれは継続していくものと筆者は考えるが、本論にもそのような問題意識が基底にあるといえよう。

また、ここで取り上げた前近代の朝鮮の疾病や医療観、および治療法にはいうまでもなく荒唐無稽なものが少なくない。しかし、珍奇な薬や治療法ばかりに目を向けるのは好事家の消閑行為の意味しか無いだろう。なぜなら、どれほど環境汚染が進もうとも大量のサプリ服用でつかの間の個人的な安心を得ている現代人からすれば、天人相関説のように人の健康は己一人のみで存在・保全しえるものではなく、天地・鬼神の造化の世界のうちにおいてこそ調和しえるという感覚はきわめて健全だと思えてならないからである。

注

（1）三木榮『朝鮮医学史及疾病史』思文閣出版、一九九一年（初版は一九四八年に刊行）。
（2）拙稿　書評『コレラ、朝鮮を襲う――身体と医学の朝鮮史』申東源著・任正爀訳『韓国朝鮮の文化と社会』一四号、二〇一五年。
（3）申東源『コレラ、朝鮮を襲う』歴史批評社、二〇〇四年、ソウル。『朝鮮医薬生活史』（들녘、二〇一四年、ソウル）。『東医宝鑑と東アジア医学史』（들녘、二〇一五年、ソウル）。
（4）『東国歳時記』五月の条。
（5）『校注　大典会通』巻六（三）礼典、祭礼、祈雨祭（景文社、一九七九年）。
（6）中村治兵衛『中国シャーマニズムの研究』第六章　宋代の祈雨について（刀水書院、一九九二年）。
（7）『釈典・祈雨・安宅』朝鮮総督府、一九三八年（国書刊行会、一九七二年）、一三三頁。引用文は読解の便のため、適宜表記を変えた。
（8）桑中河間の風とは『詩経』「庸風」桑中篇に基づく語で、淫乱の風を意味する。
（9）『朝鮮の鬼神』朝鮮総督府、一九二九年、三二七頁。
（10）拙稿「パンス試論――朝鮮盲僧の占卜・呪詛・祈雨について」（人文研究巻五二、大阪市大文学部、二〇〇一年）参照。
（11）前出『釈典・祈雨・安宅』一二九～一三〇頁。
（12）『新増東国輿地勝覧』黄海道鳳山郡鳳山面・神龍潭の条。
（13）前出『釈典・祈雨・安宅』一四五頁。
（14）このような民間信仰における syncretism（混交）は風水信仰でも見られるものであるが、それについては、拙稿「朝鮮断脈説の形成再考」（『漢字漢文研究』一二号、高麗大学、二〇一八年三月）参照。
（15）『韓国民俗綜合調査報告書』忠清南道篇、一七二頁（国立文化財研究所、一九七五年）。

（16）同前、忠清北道篇、一〇一頁。
（17）『風水学辞典』「裨補鎮圧風水」金科奎編（比峰出版社、二〇〇五年、ソウル）。
（18）『錦嚢経』第六「貴穴篇」。訳注は『青烏経・錦嚢経』（崔昌祚、民音社、一九九三年）を参照した。
（19）『地理新法』巻上「形勢論」。訳注は『地理新法』（金斗奎、장락、二〇〇一年）を参照した。
（20）『太宗実録』一三年癸巳六月の条。
（21）『朝鮮の風水』七七三頁、朝鮮総督府、一九三一年。
（22）同前、七七四〜八〇〇頁。
（23）崔昌祚『よき地とは何処をいうか』（서해 문집、一九九二年、ソウル）、『韓国の自生風水』Ⅰ・Ⅱ（民音社、一九九七年、ソウル。
（24）崔昌祚『北韓文化遺跡踏査記』（中央M&B、一九九八年）。
（25）崔昌祚『都市風水』（판미동、二〇〇七年、ソウル）。
（26）崔昌祚「地価の高いところが即ち明堂」文化日報、二〇一五年三月三〇日。
（27）崔昌祚氏の自生風水説に対しては常に毀誉褒貶がつきまとった。それは、氏が風水研究のあり方を巡って大学と対立したあげくにソウル大を追われた事件に端を発し、今日に至るまで執拗かつ持続的なものである。それを辿ることは取りも直さず、韓国社会における風水の位相を如実に示すことでもあるが、ここで詳細に言及する暇はないので、「崔昌祚と自生風水説に対する学界の評価」の趣旨を紹介するのにとどめておく。著名な史学者であるソウル大の李泰鎮らが一九九四年に『韓国市民講座』で展開した激しい風水批判は二〇〇〇年代に入っても止むことはなかったが、それらは李基白が『韓国伝統文化論』で「（崔昌祚が）〝風水〟なる用語を用いる以上、彼が排斥する〝雑術のクズ風水〟を煽り立てる結果をもたらすのは明白だ」というように、風水を持ち出すこと自体が不当だとする風水封じ込め、もしくは抹殺封論ともいうべきものだった。また、そこまでではなくとも、客観的な検証性に欠ける研究方法に対する批判、および初期の自生風水説が有していた斬新さを発展させることができず、「明堂は心の中にある」といったようなアフォリズムに陥りがちな傾向への批判も根強いが、それらは氏がアカデミックな場を離れ、風水の学問的な確立を放棄したことに起因するとみなす。一方、「風水思想を伝統地理思想や環境哲学と関連させて考察しうる土台を提供した」とか、「過去に遡るほど風水の影響は大きく、崔昌祚により歴史を見る際に風水をさらに考慮するようになった」、あるいは「風水には人の霊的な自由を追求する部分があるが、崔昌祚によって健康と霊性という風水の明るい面が蘇った」とする肯定的な評価もある。両者を総合し、まとめていえば「雑術から思想風水へ――宣言にとどまった理論」ということになろう。
（28）その中間報告的なものとして、拙稿「自生風水の行方」（『アジア遊学』特集「風水の歴史と現代」所収、二〇〇三年一月、勉誠出版）がある。
（29）宋欽入内候。出言曰：上體瘦困，脈度浮數，昨日六指，今則七指。面色痿黃，腰下積聚，呼多吸少，唇又乾燥。上厲聲問藥，啓曰：ㄏ心蓮子飲、五味子湯、ㄏ心元等藥，所入ㄏ涼，可以止渴，請進之。（『成宗実録』二五年十二月二三日戊寅の条）。
（30）『東医宝鑑』雑病篇巻六の巻頭にも積聚についての説明がある。
（31）同前、消渇の処方薬清心蓮子飲が挙げられている。
（32）『東医宝鑑』でも雑病篇巻一・三・五などに薬名が見えている。
（33）清心丸も『東医宝鑑』雑病篇でよく見られるものである。
（34）『成宗実録』二四年八月三日乙丑の条。
（35）『慵斎叢話』巻十（『大東野乗』所収、民族文化推進会、一九七一年）。
（36）『虚白堂集』補集巻二（韓国文集叢刊一四）。
（37）医女張徳の事跡は『成宗実録』一三年六月一四日癸丑の条にも見える。
（38）『東医宝鑑』外形篇「牙歯」蟲蝕痛の条。
（39）同前「牙歯」出牙蟲殺虫法の条。
（40）『東医宝鑑』の処方には出典を略称で記してある場合が多く、本文中ではそれぞれ『本事』『綱目』と記されているが、『東医宝鑑』巻一の歴代医方を見れば、『本事方』宋・許叔顕微所撰、『医学綱目』本朝所撰とある
（41）上昇遐于大造殿（略）上已受鍼，血出鍼穴，上曰：微可貴，病幾危矣。血湧不止，蓋鍼犯血絡。命提調以下退出，促進血竭等藥以塗之，猶不止，提調及醫官等，罔知所爲。上候漸向危急，藥房進ㄏ心元獨參湯…」（『孝宗実録』一〇年五月四日甲子の条）。
（42）『東医宝鑑』外形篇巻二・四。
（43）『東医宝鑑』雑病篇巻四。
（44）『里郷見聞録』巻九　出『浣巖集』（『里郷見聞録・壺山外記合本』亜細亜文化社、一九七四年、ソウル）。
（45）「方外醫皮載吉進單方膏藥、輒奏奇效。命差載吉藥院鍼醫」『正祖実録』一七年七月一六日丁未の条。
（46）『青邱野談』「進神方皮医擅名」（亜細亜文化社、一九八五年、ソウル）。
（47）申東源『虎患、媽媽、天然痘』（돌베개、二〇〇一三年、ソウル）。
（48）斉安君のバカ殿ぶりへの言及は『成宗実録』のような正史以外にも、魚淑権の『稗官雑記』や柳夢寅の『於于野談』などの野史・野談にも多い。

(49)『燕山君日記』一一年(一五〇五年)六月二七日庚辰の条。
(50)同前、一二年(一五〇六年)一月二〇日庚子の条。
(51)前出、三木榮『朝鮮医学史及疾病史』一二四頁。
(52)『栗谷全書』拾遺巻六、雑著三「医薬策」。
(53)車柱環『朝鮮の道教』七二頁(三浦・野崎共訳、人文書院、一九九〇年)。
(54)三浦國男「呼吸論」(『朱子と気と身体』所収、平凡社、一九九七年)。
(55)金時習「龍虎」(『梅月堂集』巻一七、雑著第七)。
(56)前出『朝鮮の道教』二七四頁。
(57)鄭北窓一門と道教との関わりについては、拙稿「温陽鄭氏の肖像」(『韓国道教論集』一二輯、韓国道教学会、二〇〇二年)参照。
(58)「南宮先生伝」は拙訳『洪吉童伝』所収(平凡社、東洋文庫、二〇一〇年)。
(59)「與李蓀谷　庚戌十月」(『惺所覆瓿藁』巻二〇)。
(60)洪万宗の『海東異蹟』には、この「南宮先生伝」の後半部が大幅にカットされた話が「権真人」と題して掲載されている。
(61)柳夢寅『於于野談』巻三(『於于集』所収、景文社、一九七七年、ソウル)。
(62)拙稿「韓国仙道の世界」(石田秀実編『東アジアの身体技法』所収、勉誠出版、二〇〇〇年)。
(63)新羅四仙(述朗・南朗・永朗・安詳)の一人。李穀の「東遊記」(『東文選』巻七一所収)などの古文献にその名が見える。
(64)『青鶴集』に登場する朝鮮仙派の指導者。中国で異人に学び、帰国後は深山に隠棲しながら弟子に道を説いたのち行方をくらましたという。
(65)洪万宗の著作における民族主義的傾向については、拙稿「海東異蹟攷」(『大谷森繁博士還暦記念朝鮮文学論叢』所収、一九九二年二月)。
(66)『退渓全書』巻四三所収。「書許観察所蔵養生説後」は名筆として知られた李滉(一四九八〜一五五四年)の「養生説」を八幅の屏風に仕立てたものを退渓が読んで、跋文を記したもの。
(67)申東源『朝鮮医薬生活史』二部「朝鮮医薬生活誌:『默斎日記』の中へ」(들녘、二〇一四年、ソウル)。
(68)「聴街語柳医得名」(前出『青邱野談』所収)。
(69)「投良剤病有年運」(前出『青邱野談』所収)。
(70)「金医視形良剤」(前出『青邱野談』所収。なお、この話は拙訳『青邱野談』(平凡社、東洋文庫、二〇〇〇年)でも読める。
(71)前出『里郷見聞録・壺山外記合本』。

(72) 前出『韓国民俗綜合調査報告書』慶尚南道篇、三三九頁。
(73) 『高麗史』巻一三三、列伝第四六、禑王二年七月の条。
(74) 前出『青坡劇談』巻六。
(75) 因みに、医療とは関係ないが、朝鮮には「쪽박 쓰고 벼락을 피하다」(小さな瓢をかぶって雷を避ける)、つまり慌てるあまりに愚かな方法で難を逃れようとする、という意味の諺があることを付言しておく。

現代韓国社会における医療の構図——がん治療をめぐる事例から

澤野美智子

一　はじめに

韓国のがん患者たちは日常的に様々な療法を実践している。それは、通院中の大学病院で処方された薬の服用や、大学病院で指導された栄養管理にとどまらない。テレビで見た野菜、インターネットで購入した温熱治療器、知人から送られてきた栄養補助食品、患者仲間に分けてもらった薬草茶など多岐にわたる。がんと診断されてすぐの患者や、あるいは転移・再発を繰り返す患者はなおさら、毎日忙しく多種の療法を実践している。

現代の民間医療は、正規医療への批判をその構成要素としていることが多い。正規医療によって満たされない残余部分への人々の希求が民間医療を支えている［野村　二〇〇〇：八九］。他方、民間医療の繁栄が正規医療の目指す方向を支えていることも事実である。特に、健康を自己管理する動きを強化し、西洋医学で問題とされる疾病に罹らないようにする点で、この動きは顕著である。民間医療に熱心になるのは「思慮に欠ける人」ではなく、むしろ健康への高い関心と知識を持つ「医療に関して啓蒙された人たち」であるという「啓蒙主義のジレンマ」が指摘されている［ポーター　一九九三］。

ここで述べる正規医療とは、国家によって唯一の、あるいは中心的な医療として公認されている医療、いわゆ

る「先進国」における近代西洋医療を指す［黒田　二〇〇〇：一四四］。また民間医療とは、正規医療以外のすべての治療法・健康法を指す。なお、韓国においては「民間療法（민간요법）」という言葉が一般的であるが、日本における医療人類学の普遍的理論の俎上に載せるとき、民間療法という言葉は、その示される行為が「医療ではない」、つまり正規医療だけが医療であるというニュアンスを持つ。そこで本論文では基本的に「民間医療」という用語を用い、語りの引用に出てくる現地語の「民間療法」にはカギカッコをつけて日本語の民間療法と区別する。

民間医療に関する議論において、正規医療と民間医療は二元的に論じられがちである。一方、韓国の状況を見てみると、二元論では現状を正確に捉えることができない。なぜならば後述するように、韓国には国家によって別々に制度化されている正規医療が、西洋医学と韓医学の二種類存在し、すなわち正規医療だけでも二元化しているためである。そこで本論文では、韓国社会における医療の構図について、歴史的背景も踏まえつつ、西洋医学／韓医学／民間医療という三要素から考えてみたい。

本論文では、第二章・第三章で韓国社会の医療体系を形作ってきた歴史的背景を追い、第四章で現代の制度的な背景を踏まえたうえで、第五章では長期フィールドワークによって得られた人びとの認識について検討する。筆者が行なってきたフィールドワークのうち、二〇一一年四月〜九月に全羅道で、二〇一一年九月〜二〇一二年一〇月にソウル特別市で実施した調査、および二〇一三年以降に短期的・断続的に行なった追加調査で得られたデータが、本論文で扱うデータに該当する。フィールドワークは、乳がん患者会活動での調査、乳がん患者宅でホームステイをしながらの参与観察、がん患者用（患部を限定せず全てのがん患者を対象とする）の治癒施設における参与観察を中心としている。

なお、近代西洋社会で生まれ、人間の身体の生物学的知識に基づいて体系づけられたバイオメディスン（biomedicine）[1]を、本論文では韓国での呼び方に従って西洋医学と呼ぶ。また、韓医学とは、朝鮮半島独自の医学知に中国由来の漢方医学知を統合して体系化されたものを指す［三木　二〇〇〇：九］。本論文では基本的に、「医師」

とは西洋医学の医師を、「韓医師」とは韓医学の医師を指すものとする。

二　朝鮮半島における西洋医学の導入過程

一八七六年の開港以前、朝鮮半島では中国の漢方に端を発する医学が主流であった。朝鮮半島における医学の発達について、최희경［二〇〇七：二九］は次のように説明している。六九二年の統一新羅時代、中国から陰陽五行論が導入された一方、独自の医術が発展し『新羅法師方』にまとめられた。高麗時代に伝統医学は、国教であった仏教と密接に関わりあった。医療を担当する官庁と教育機関が置かれ、中国の漢方と差別化する医学を発展させる努力がなされた。身土不二の概念を基盤とする韓国固有の医学という概念が生まれたのも、この時代であった。朝鮮時代に医学の総合的な体系が確立され、『東医宝鑑』などの本が書かれた。開港以前の医学において、施術に関する免許などは特になく、陰陽と経絡の知識、および薬剤の味と性質についての知識に長けた人々が医院を開業していた。

そのような朝鮮半島に西洋医学がもたらされたのは、開港以降のことであった。박윤재［二〇〇五］によれば、朝鮮半島における西洋医学の普及の流れは以下の通りである。

一八七六年の開港後、朝鮮の使節団に所属していた人たちが日本で発展した西洋医学や保健制度を見学し、その様子を政府に報告したものの、最初のうちは政府レベルで西洋医学を積極的に受容しようとはしなかった。政府レベルで西洋医学導入の論議が始まったのは、一八八〇年代初頭のことであった。ただしそれも清潔な住環境を作るという公衆衛生的な事業にとどまり、西洋医学専攻者の招聘や病院の建設は提起されなかった。

一八八〇年代に医療宣教師が来朝し始めたが、西洋医学の体系的な受容は、朝鮮にとって予想外の事件から始まったとされている。一八八四年に甲申政変が起こり、その過程で開化派に傷を負わされたミン・ヨンイク

（閔妃の甥）を、当時アメリカ公使館附属医師の資格で来朝していたアレン（H. N. Allen）が治療した。ミン・ヨンイクに対する治療の成功によって、西洋医学の効用性が、高宗ら支配層に知らしめられた。そして、政府の信頼を得たアレンの提案により、一八八五年に西洋式病院である廣惠院（のちに濟衆院と改称）が、一八八六年に医学校（濟衆院医学校）が設立された。この医学校では、アレンのほか、ヘロン（J. W. Heron）、アンダーウッド（H. G. Underwood）らアメリカ人の医療宣教師が学生たちの教育に当たった［박윤재　二〇〇五：二五―四七］。

朝鮮半島に西洋医学が流入した経路としては、このようなアメリカの宣教師によるもののほか、日本によるものがある。一八七六年に江華島条約が締結されてから、日本列島から渡ってきた人々が釜山などの開港場に住み始めるようになった。日本政府は、軍医たちが領事館の職員や居留民を治療する官立病院を設置するようになった。日清戦争後の一八九五年には、政治・行政の中心地であるソウルに漢城病院が設立された。一九〇二年には日本で医師たちが、アジア各国の医事衛生の学術および事業の普及などを目的として、同仁會を組織した。同仁會は一九〇四年から朝鮮半島でも活動を開始し、病院や付属医学校も設立していった。この医学教育には大韓帝国政府からも補助金が交付された［박윤재　二〇〇五：四七―九八］。

大韓帝国は、開港以前から朝鮮半島で発展してきた医学（韓医学）と、開港後に海外からもたらされた西洋医学を、並存させるかたちでの医学論と医学体系を整備しようとしていた。開港後の新旧折衷の改革のなかで、西洋医学を受容すべきだという論調が高まる一方、それまで主流であった韓医学を批判する動きが見られるようになった。韓医学を批判する論調の中には、韓医師に対する批判と、韓医学自体に対する批判が存在した。韓医師に対する批判は、韓医師の育成方法と医療行為、すなわち韓医師の体系的な教育と施術行為に対する一定の規律が伴えば韓医学は有効な医学として活用できるという論理と結びついていた。一方で韓医学自体に対する批判は、その代案として西洋医学の受容に帰結する。しかし韓医学に対する批判も、韓医学の効用の全否定までには至らなかった［박윤재　二〇〇五：九九―一〇九］。

韓医学は、科学という普遍性を持って入ってくる帝国主義に対して、ひとつの対抗論理を提供するものでもあった。それは、風土を始めとする地域的特性を強調する論理が、科学的な論理に対抗する根拠を提供しうるためであった。ただし韓医学も内部の変化を模索しないわけにはいかなかった。韓医学を発展させるためには、西洋医学の長所と見なされた教育制度、試験制度、免許制度などを受容しつつ、従来の韓医学の医学体系とは異なる形態、すなわち近代的医学体系のひとつの部分として再構成されねばならなかった。このように、大韓帝国期の医学と関連した論理は、西洋医学と韓医学のどちらかが他方を否定したり駆逐したりするというよりは、互いの長所を活かす方式で並存が図られた〔박윤재　二〇〇五：一〇九〕。

日本の植民地期には、医学関連法制が整備され、植民地医学体系が作り上げられていった。朝鮮総督府医院が設立され、そのなかに伝染病地方病研究科が設置されて伝染病や地方特有の疾病の研究が行われるようになった。日本が朝鮮半島で繰り広げた保健医療政策は「宗主国が植民地における疾病に対して治療実践と医療行政を展開し、調査研究を行い、その情報と知識を本国へと回収・集積し、それらを帝国の広がりへと還元する」〔奥野二〇〇六：二七〕という点で、帝国医療としての性格を持つ。官立病院や医療スタッフの養成機関が設立されたほか、地方にも医療機関が設立され、住民たちに対する治療が拡大していった。また病院での直接的な治療だけでなく公衆衛生運動などの保健医療政策によっても、西洋医学の概念は植民地期に広く浸透した〔鄭　二〇〇四〕。

西洋医学の輸入に重点が置かれる一方、韓医学は周縁部へと追いやられていった。総督府は韓医師や韓医学を否定的に評価していた。韓医師については、正規の教育課程ではなく非体系的な教育によって養成されているという点で、正規の「醫師」の資格がないと見なされた。中には豊富な臨床経験もないまま実用的な医学書籍の閲覧のみで「醫師」と自称し、疾病と薬剤についての知識が不足しているため治療や処方の過程で患者の生命を奪う場合が多いという指摘もなされていた。韓医学自体についても、韓医学で最も重要な基礎理論である陰陽五行が「空理」にすぎず、ただ数千年続いてきた経験医学であるという点でのみ意味を持つという指摘がなされた。「西

洋医学は日本の持つ文明的優秀性を示す手段であり、よって朝鮮の主流医学であった韓医学は、朝鮮の相対的劣等性を強調するための目的においても一貫して批判の対象になるほかなかった」［박윤재 二〇〇五：二三六］。

韓医学の消滅を危惧した韓医師らは、「地理的・身体的な差異によって西洋医学は朝鮮人に適合せず、朝鮮人に適合する医学は韓医学である」、また「朝鮮人たちはオンドルを好む習慣があり、刺激的な飲食物を好む食生活をするため、西洋医学の薬物が従来の韓医薬より効率面で劣る」と強調した［박윤재 二〇〇五：二三七—二三八］。つまり、ここでは外来の西洋医学に対するローカルな韓医学という対立図式が構成され、「朝鮮人」の身体的な差異や住環境、食習慣などが本質主義的に強調されることとなった。このほかに韓医学を擁護する意見として、西洋医学の薬が鉱物で作られるのに対し韓医学の薬は「人体により適合した植物性の薬剤を使用するため、外科とは違い内科分野では韓医学が優れている」という主張がなされた［박윤재 二〇〇五：二三八］。

当時の朝鮮半島では、医療スタッフと医療機関の不足という問題が生じていた。この問題を解決するために総督府は、韓医師を正規の「醫師」から排除しつつも、韓医学の技術を持つ者に「醫生」免許を与えるという制度を作った。「醫生」とは、「醫師」の補助をする者のことである。一九一三年一一月に「醫師規則」および「醫生規則」が公布された。「醫師規則」では西洋医学専攻者のみを「醫師」として規定し、韓医師は「醫師」として認めないという方針が明確に表された。その一方で医療スタッフの人材不足を補うため、「醫生規則」では、「二〇歳以上の朝鮮人で醫生規則が施行される前に朝鮮で二年以上医業を営為していた者」が「醫生」免許を取得できることが規定された［박윤재 二〇〇五：三一四］。

一九一四年当時、西洋医学を修得した「醫師」の数は六四一名に過ぎず、一五〇〇万名におよぶ朝鮮人口の医療需要を満たすことはできなかった。「醫生」免許を受けた人は一九一三年末の時点で五八一七名であった。「醫師」の手が地方にまで回りきらない状況下、農・漁村地域では「醫生」あるいは民間医療者が、医学上重要な役割を担当していた［박윤재 二〇〇五：三一七—三一八］。

このように、主流の西洋医学との間で制度的な葛藤を繰り返しつつも、韓医学が完全に排除されるのではなく周縁部に位置づけられ、人々の間で重要な役割を果たす、という構図が、植民地期に形成されていった。

三　植民地解放後の医療をめぐる動向

植民地解放後の医療をめぐる動向について、최희경［二〇〇七］は医師、薬剤師、韓医師という三つのカテゴリーに分けて以下のように説明している。

まず医師（西洋医学）については、朝鮮戦争後、政府はアメリカから医療知識・技術・制度および教育体系を導入した。一九四五年から大学病院が設立され、一九五八年に専門医制度が導入されて民間における医療機関の土台ができ、一九七〇年以降の急速な経済成長に伴って成長した。一九八〇年代以降、医学部の新設によって医師数およびクリニックの数が急増し、医療市場における競争が激しくなった。

診断と処置のための科学的で合理的な理論と方法、最新設備によって、西洋医学は人びとの信頼を得、医師は他のどの医療専門職よりも優位に位置づけられる。医師になるためには、医学部で二年間の予科と四年間の本科を経て医師国家試験に合格し、免許を得なければならない。この試験に合格した大部分の一般医が専門医課程に登録し、一年の修練過程と四年の専攻課程を経て専門医試験に合格すれば専門医の資格を得ることができる［최희경　二〇〇七：二六―二七］。

薬剤師（西洋医学に基づく薬学）については、植民地期の日本によって作られた制度の下、一九一二年に朝鮮半島初の薬剤師が誕生した。ただし植民地期の薬剤師は専ら研究者としての役割を担い、薬を調剤・販売することは稀であった。薬剤師の数と影響力が急増したのは一九五〇年代以降のことである。朝鮮戦争以後一九五〇年代末までに、アメリカによる経済支援政策の一環として八社の製薬会社が韓国内に設立され、韓国はアメリカの有望な薬品市場となった。その際、薬品の需要を増やし市場を拡大させるために多くの薬剤師を必要とした。韓国内には一九五二年から一九五六年にかけて一一の薬学部が設置された。[2] 一九五三年には法律が改正され、薬局を開いて運営する独占的な権限が薬剤師に付与された。

一九八〇年代初頭までは医師の数も医療施設も不足しており、治療費用も高価であったため、人びとにとって病医院にかかることは容易ではなかった。人びとは軽度の怪我や病気であれば病医院ではなく薬局へ行き、薬剤師が患者を診療し薬の調剤・処方を行なっていた。薬剤師が一般医のような役割をする状況は、一九八〇年代に変化した。医学部の増加による医師の増加に加え、一九八九年の全国民医療保険制度の施行に伴って人びとが低費用で医療機関を利用できるようになったことにより、薬局の機能と薬剤師の役割は縮小していった。二〇〇九年度より薬学部は従来の四年制から六年制になり、専門知識と専門領域の拡充が図られている［최희경 二〇〇七：三三―三五］。

韓医師については、一九四七年に四年制の韓医学部が設置された。医療法が一九五一年に制定（一九五二年に施行）されたとき大韓韓医師協会が公式に認定された。これは、韓国の医学界が西洋医学と韓医学の二元体系であることを国が認めたということでもあった。一九六一年に軍事政権が医療体系において韓医学を認めないという法案を通過させたが、韓医師および韓医学生たちの抵抗が相次いだことから、五か月後に法案を撤回した。一九六四年、韓医学部は現在の六年制に改編された。韓医師の専門医になるためには、六年制の韓医科大学を卒業して韓医師国家試験に合格し、一年間の修練課程と三年間の専攻課程を修め、韓医師専門医資格試験に合格しなければならない。国立大学に韓医学部を設置することは韓医学界の長年の望みであったが、二〇〇八年に釜山大学校に韓医学専門大学院が設置された［최희경 二〇〇七：三〇―三一］。

このように、医師、薬剤師、韓医師それぞれの制度が発展する段階において政治・経済的な要因が深く関わってきた。歴史的な流れから浮かび上がる韓国の医療制度の特徴として、国家が二元体系（西洋医学と韓医学）を公認し制度化していること、一九八〇年代初頭までの人手不足の時期には医師・薬剤師・韓医師の区分にあまり囚われず、三者が共に医療専門家としての役割を担ってきたことが挙げられる。

四　現代韓国社会における医学界の構図

現代韓国における医師の免許は、西洋医学の医師免許と、韓医学の韓医師免許という、二つの国家資格が別々に設置されている。韓医師は、西洋医学の医師とはまた別の、体系的な教育と試験・免許制度の下で輩出される。すなわち韓国には「正規医療」が二種類ある。

韓国内においては医療専門家（医師・薬剤師・韓医師）団体同士の葛藤が指摘されている。薬剤師―韓医師間、医師―薬剤師間、医師―韓医師間のいずれにおいてもそれぞれ異なる対立関係が存在する。최희경［二〇〇七］は以下のように指摘する。

第一に薬剤師―韓医師間においては、韓薬の調剤をめぐる対立がある。韓薬の調剤権は、韓医師の領域と一般的に見なされているが、薬剤師に対して法的には厳密に禁止されていなかった。一九九三年、薬局に在来式の韓薬売場を置かないよう規定してきた（つまり事実上薬剤師に韓薬の調剤を禁じてきた）条項を保健福祉部が削除したことで、薬剤師―韓医師間に対立が生じた。薬剤師は韓薬を含むすべての薬を扱う妥当性を主張したのに対し、韓医師はこれに強く反発した。

第二に医師―薬剤師間においては、もともと医師と薬剤師が薬の処方と調剤を同時に行うことができた。薬の処方権は、医師にとっても薬剤師にとっても、医療専門職としての自律性とプライドの象徴であった。また薬の調剤は、薬の販売による収入だけでなく、いわゆる薬価マージンという、製薬会社からの隠れた収入をもたらすものであった。一九九七年の医薬分業制度の施行は、このような薬の処方権と調剤権を分離するものであり、医師団体—薬剤師団体間、医師団体—政府間に大きな対立をもたらした。

第三に医師—韓医師間においては、特に、西洋医学の医師が鍼のような韓医学的施術を行おうとする場合、あるいは韓医師がCTやMRIなど西洋医学の医療機器を使おうとする場合、それを認めることの是非をめぐって対立が表面化する。また、西洋医学と韓医学を統合する「医療一元化」をめぐっても意見が対立している。多くの医師たちは、韓医学が非科学的であって患者と治療に役立たないばかりかむしろ害になると主張したり、あるいは韓医学に無関心だったりする。鍼など韓医学の技術を患者の治療に取り入れようとする医師は非常に限られている。一方、韓医師たちは「医療一元化」を「韓医学を吸収して無くそうとするもの」と捉えて反発する。また「韓医学は非科学的である」と批判する西洋医学の医師に対し、韓医師は「西洋医学では科学を数字で表せるものとしか見なしていない、韓医学も科学的だが数値化できる種類のものではない」と反論する。さらに一部の韓医師は「西洋医学の大部分がむしろ患者の健康に害を与えている」と主張する。ただし韓医師の間にも、西洋の医療技術や最新の治療方式を取り入れることに積極的な動きが見られる。

これら三つの対立のうち、第一と第二は主に経済的利益をめぐる対立であるのに対し、第三の医師—韓医師間に見られる対立は、医療および医療者の真正性をめぐる対立でもある。최희경は「医療一元化論争は、互いに異なる知識体系と価値、すなわち〈伝統医学と文化〉対〈現代科学医療と文化〉間の衝突でもある」と述べている[二〇〇七：二七九]。

西洋医学と韓医学、どちらの方が患者の健康に益になり、あるいはむしろ害になっているのか。西洋医学を学んだ医師に、韓医学の鍼を施す医療者としての資格はあるのか。韓医学を学んだ医師に、西洋医学の医療機器を扱う医療者としての資格はあるのか。成果を西洋医学のように明確に数値化できないことが弱点でありつつもそのような「伝統」的要素を自らのアイデンティティとして差異化している面もある韓医学にとって、数値化された科学性を追求したり西洋の最新医療技術を取り入れたりすることは、患者の確保のためには必要かもしれないが、そのようにしても真正な韓医学たりえるのか。西洋医学と韓医学は、人体を治療するという点で共通しているから一元化することが可能であるのか、あるいは人体を全く異なる観点から捉え治療するから一元化など不可能であるのか。これらの問題について、国家の制度上でも医療者間でも、絶対的な正答を見出すことは困難である。

このような医療および医療者の真正性をめぐる葛藤の下、病気や医療について患者たちはどのように捉えているであろうか。次章では人びとの認識について検討する。

五　がんから見えてくる西洋医学／韓医学／民間医療の構図

人々ががんと診断されるのは西洋医学の病院においてであり、患者の大部分はまず西洋医学の施術を受ける。しかしそれと並行して、あるいは時に西洋医学を拒んで、がん患者たちは韓医学や民間医療を積極的に取り入れる。

がん患者が多様な療法の積極的な実践を行う理由として、大きく三つの要因が考えられる。第一に、がんを完治させる方法の確立や発病原因の解明が西洋医学では完全になされていないことが挙げられる。第二に、がんの病変が外部からもたらされるものではなく患者自身の体内組織が起こすことが挙げられる。そのため患者たちは自分の努力によって病気を克服できると認識し、多様な療法を試みている。第三に、西洋医学のがん治療で用いられる薬剤や外科的手術の副作用が大きいことが挙げられる〔澤野　二〇一六〕。

このような理由を背景に、患者たちは西洋医学、韓医学、民間医療を組み合わせて日常的な療法を編み出し、医療者の顔色もうかがいながらそれらを実践している。以下では西洋医学／韓医学／民間医療の三者の構図を見るため、第一節では西洋医学と韓医学、第二節では韓医学と民間医療、第三節では西洋医学と民間医療について検討する。

1　西洋医学と韓医学の構図

（1）　対極に位置づけられる二つの「正規医療」

国家権力のもとに体系化・制度化されているという点では、韓医学も「正規医療」であり、韓医師もその自負を持っている。しかし、西洋医学の「正規医療」としての権威は格段に大きい［최희경　二〇〇七］。西洋医学の医師の中には、韓医学を非科学的なものと考え、韓医師を医療専門家と見なさない人たちも存在する。西洋医学の医師のうち韓医学に親和的な一部の医師を除いて多くの医師は韓医学を、制度上は正規医療であるにもかかわらず、科学的なエビデンスに乏しい、民間医療に近いものとして認識する傾向が見られる。

がん患者たちの傾向としては、基本的には西洋医学に頼り、補助的に韓医学を利用する。例えば西洋医学の化学療法によって体力が落ちたときに滋養強壮のための韓薬を服用したり、手術による副作用を和らげるための鍼を施してもらったり、健康増進に良いとされる灸を施してもらったりする。

しかし再発を繰り返して西洋医学では完治の望みが薄いと分かったとき、韓医学をメインに据えて本格的に治療しようとする患者も出てくる。このような場合、韓医学をメインに、西洋医学を補助的に用いて両者を併用するのではなく、西洋医学と韓医学を相容れないものとして位置づける。つまり、一方の治療を本格的に受けるとき、もう一方の治療は中断するという行為を見せる。韓医学から見ると西洋医学の抗がん剤は「毒」であるため、韓医学で本格的にがんを治そうとする場合は西洋医学の化学療法をストップしなければならない。逆に、西洋医学の医師は韓医学を治療の妨げと見なすので、韓薬を飲んでいても西洋医学の医師の顔色をうかがわなければならない。

患者が正直に、韓薬を服用してもいいかどうか西洋医学の医師に相談すると、服用することを積極的には勧められないのが通例である。ある大学病院の乳腺外科の医師Yが乳がん患者会のホームページ上で患者の質問に直接回答する質問コーナーでは、韓薬の服用に関する相談も患者から寄せられる。例えば「更年期症状が辛くて韓医院で韓薬を処方してもらったが飲んでもいいですか。（乳がんの）手術をした病院で相談したら産婦人科を紹介され、産婦人科ではホルモン剤ではなく植物性の薬を一週間分処方されました」と書きこんだ患者に対し、医師Yは「飲んでみてもいいのでは。成分が分かればより良いですが。効果があまり見られなければ飲まないでください」と回答した。これに対して患者が「産婦人科の医師には飲むなと言われました。成分がよく分からないし農薬の問題もあるので飲むなと。単にホルモンの問題だけではないようです。少しでも元気を出そうと、朝夕に紅参を抽出したものを飲んでいます」と書きこむと、医師Yは「ではそのようになさい」と簡潔に一行で回答している。

この質問コーナーで言及される産婦人科の医師の場合、韓薬の成分に疑念を持ち、韓薬の服用を禁じている様子がうかがえる。「農薬の問題」とは、韓薬を栽培するときに使われる農薬について政府が管理・チェックする体制がないことを指し、農薬が多く散布された薬草が野放しに流通していることを懸念している。医師Yの場合、韓薬の効能をあまり期待していないという姿勢、また韓薬についての知識がないため責任のある回答ができないという姿勢がうかがえる。

このように西洋医学の医師たちは、患者が韓薬を服用することに対して不寛容であることが多い。患者のほうもこのことを心得ており、どちらか一方の医療だけに集中したり、補助的に韓薬を服用したりする場合も医師に告げなかったりする。西洋医学も韓医学も国家の保証する「正規医療」であるだけに、患者は時として、どちらの主張を信じればいいのか判断がつきかねて揺れ動く。以下の事例は、がんの再発を繰り返す中、西洋医学と韓医学の間を揺れ動く患者の姿である。

チョ・ジョンスク（仮名、五〇歳代女性）は乳がんの再発を繰り返していた。大学院の修士課程を修め、中学校の校長まで務めたチョは、がん治療についても勉強熱心であった。大学病院での治療に懸命に取り組んでいるにもかかわらずだんだん効果が見られなくなってゆくことに焦りを感じたチョは、西洋医学のがん治療には限界があると考え始めた。

チョが次に情熱を傾けたのは韓医学であった。西洋医学ががん細胞の塊だけをターゲットにする対症療法であるため時間が経てば再発するのに対し、韓医学は体質そのものから根本的に変えてがんのできない体にするという。またチョは、大学病院の診察では医師がパソコンの画面ばかり見ているのに対し、韓医師は患者の手に触れて診脈をしてくれるため安心感があると述べた。

チョは有名な韓方病院へ通い、高価な韓薬を服用し始めた。国民健康保険の効かない薬であるが、これまで学校勤めをして貯めてきた自分のお金があるので、夫に気がねなく高価な薬を飲めると言う。韓医学の体質鑑定によって、自分の体質に合う食べ物と合わない食べ物を知ると、日常の食生活にも徹底的にそれを反映させた。その期間中、チョは西洋医学の病院に通うことを停止していた。抗がん剤を始めとする西洋医学の薬は「毒」であり、韓医学のがん治療に支障をきたすという。

しかし韓医学のがん治療でも目立った効果は見られなかったため、チョは韓医学から足を洗い、再び西洋医学の医師に頭を下げて大学病院の治療を受けることを決断した。どちらか一方の治療を本格的に取り入れるともう一方に支障をきたすと医師も韓医師も考えているため、韓医学の治療を続けながら西洋医学の治療もするという選択肢はないようであった。

この事例からは、西洋医学と韓医学の間で揺れ動きながら、これらを対照的なものとして捉えるチョの認識が浮かび上がる。まずがん治療の方法について、西洋医学が対症療法であるのに対し、韓医学は体質から根本的に変える治療であると捉えている。次に医療者の姿勢について、医師がパソコンの画面ばかり見ているのに対し、韓医師は患者の手に触れて病状を把握し安心感を与えると捉えている。さらに、これらの相反する二つの療法は同時に行なうことができず、医師の顔色もうかがいながら、一方を本格的に受ける際にはもう一方を「毒」あるいは「支障をきたすもの」と見なして拒絶する様子がうかがえる。

このように西洋医学と韓医学は、両者とも「正規医療」であり、一部の医師たちが「統合医療」(後述)を目指すように並存可能な要素を持っているものの、主として互いに対照性を打ち出すことで韓国の医療市場における棲み分けをしている。患者側には、本格的に一方を取り入れる場合はもう一方を拒絶する様子が見られるが、これは両者の打ち出す対照性や制度的な対立を受け、医療者の顔色をうかがうという要素が強い。

(2) 病気の捉え方

病気の捉え方においては、療法ごとにどのような違いがあるであろうか。ここで着目するのは、乳がんについての西洋医学と韓医学、そして患者自身の解釈である。

まず西洋医学では、乳がんは「乳房の上皮細胞から発生するがん」と定義される[노동영 二〇〇七：一九]。がんについては次のように説明される。「老化とともに様々な刺激と原因によって細胞の固有の特性が変化し、一定の数を維持する調節機能を失うケースが発生する。このような場合、正常な細胞は減る一方、非正常な細胞は過度に増殖する。非正常な細胞は本来の機能を果たせないばかりでなく、過度に増殖しつつ他の細胞の増殖を邪魔し、機能を妨害する。さらには過度に増殖して周辺を侵犯し、遠くにある他の臓器にまで広がりもする。このように非正常に増殖する細胞の集団を「腫瘍」または「新生物」と言い、腫瘍細胞が遠くの他臓器に広がる現象を「転移」という」[노동영 二〇〇七：一二―一三]。

患者たちの話を聞くと、西洋医学の病院で診断を受け、医師からのインフォームド・コンセントを受けながら治療を経験してきただけあって、西洋医学的ながんの基礎知識は一通り把握している。元々は自分の正常細胞であったが、何らかの理由で異常をきたし、急速に分裂を繰り返して増殖するようになったのががん細胞であること。その増殖を止めるため、あるいは再発を予防するために抗がん剤や放射線で治療すること。治療しても再発することがあったり、病状が進行すると他の臓器に転移したりすること。このような解釈は、がん細胞自体に焦点を当てるという西洋医学的な見方に基づいている。

一方、韓医学では、体全体のバランスが崩れているとき刺激に耐えきれなくなった正常細胞ががん細胞に変わると捉える。異常細胞が長く体内に存在しているうち、体のバランスが崩れると、がんとして成長する。がん細胞に対する対症療法を行なう西洋医学とは異なり、韓医学はがんを生じさせるに至った体全体に焦点を当て、がん細胞ではなく体全体の改善を図る。患者たちの語りの中でも、「過労で免疫力が落ちていた」あるいは「ストゥレッス[3]で免疫力が落ちていた」ためにがんに罹ったという病因論が聞かれる。

もうひとつ注目すべきは、体全体のバランスが崩れているとき、刺激に耐えきれなくなった正常細胞ががん細胞に変わるという考え方を発展させ、がんは人体が閾値を超える刺激に耐え抜くために作りだした脱出口であるという見方をする韓医師がいることである。これと類似した病因論が患者たち自身の語りにおいて見られることがある。特に乳がん患者においては、家族にまつわるストゥレッスが積もり積もって耐えきれなくなったことによって乳がんが発生したという語りが聞かれる。例えば次のような語りである。

事例：チョ・ボクヒ（仮名、女性の乳がん患者、五〇歳代）の語り

「女性たちが姑に対するファ（火）を発散できず、夫に対するファも発散できず、ずっと我慢していたらそれが病気になるの。ずっと我慢して我慢して過ごすから、ある日いきなり爆発するようにファを出すわけ。姑に対してファがあっても言えないじゃない。夫が浮気しても何も言えないし。アメリカなんかでは我慢せずに離婚してしまうでしょう。だから病気にならない。でも韓国では違う。私が離婚したら私の父母はどう

なるかしら、私の弟妹が結婚するときに「離婚した姉がいる」ということで障害にならないかしら、そんな考えで自分を犠牲にして我慢するのよ」。

この語りで注目すべきは、否定的感情を発散できず我慢し続けて病気になるという語り、そしてそこで用いられる「ファ」という言葉である。「ファ（火）」とは不満、憤怒などの否定的感情であり、それが蓄積して生じる「ファッピョン（火病）」という病気の概念が韓医学に存在してきた。近年は西洋医学の精神科医もその治療に取り組んでいる［민성길 二〇〇七］。

「ファ」を発散できずに蓄積させてしまう要因としてよく挙げられるのが、儒教文化である。최영진 외［二〇〇六：二八］は「感情表現を抑圧する儒教的厳粛主義、家父長制、体面と義理、名分を重視する社会文化的雰囲気がファッピョンをより重くさせる」と述べている。また、「ファッピョンは明らかに韓国の文化と関連が深いです。（中略）根本的な問題の中でも儒教的家族観と「ハン（恨）」という独特の情緒的特徴があります」という指摘もなされている［대한한방신경정신과학회 화병연구센터 二〇一四：二三六］。

「ファッピョン」の身体症状は、頭痛、体と顔ののぼせ、心悸亢進、消化障害、胸につき上げてくる感じ、のどと胸のしこり、息詰まり感、のどの渇き、眩暈などである［민성길 二〇〇七：七四］。主要な発病経緯の一つとして、「ファ」を発散せずにずっと我慢し続けて耐えきれなくなったとき症状が現れるというものがある。感情が蓄積する部位が胸であることから、時に乳がん患者は自らの乳がんを指して「ファッピョン」と言うことがある。

西洋医学でがん治療に当たる医師は、「ファッピョン」とがんを関連付けるような捉え方は鼻にもかけない。一方、韓医師は、韓医学的な概念である「ファッピョン」と、西洋医学の疾病概念であるがんをうまく接合する。大韓韓方神経精神科学会火病研究センターは次のように述べている。「ファッピョンの原因の一つである憤怒の抑制は、がんの主要な発生原因のうちの一つであると考えられています。がんもまたこのような憤怒の抑制の形

態が長く続いて現れうるものであり、そのような憤怒の形態ががん自体に悪影響を及ぼしうると考えられます。（中略）ファッピョンが憤怒抑制を通して形成されるように、否定的な感情の累積ががんの形態として現れ患者に苦痛を与えることも同様に理解することができます。（中略）女性のがん患者の八五％がファッピョンの疑いがあるという報道もありました」［대한한방신경정신과학회 화병연구센터 二〇一四：一一三―一一四］。このように韓医学は、否定的感情の抑制・蓄積がもたらす病気という点にファッピョンとがんの共通点を見出す。

乳がん患者が自らの乳がんの原因として否定的感情の蓄積を挙げる場合、多く語られるのが、姑や夫など家族の問題によるストゥレッス、そして家族のために自己犠牲を余儀なくされ、自分のしたいことや自己実現ができなかった悔しさや未練である。その語りは時に、ファッピョンとも絡めて語られる。

事例：パク・ファジャ（仮名、女性の乳がん患者、六〇歳代）と筆者の会話

パク・ファジャが日本と韓国の乳がん患者の違いを尋ねるので、筆者が「日本ではストゥレッス発散によってがんを治そうとはあまりしないと思います」と答えた。それに対しパク・ファジャは「日本にはファッピョンがないの？（中略）最近は息子一人、娘一人しかいないから、みんな勉強して（＝高等教育を受けて）、やりたいことを全部やって暮らしているからね。母親世代の心情は理解できないでしょう？」と言った。

この語りでは、パクの世代の女性たちが自分の希望どおりに高等教育を受けさせてもらえなかったこと、「やりたいことを全部やって暮ら」せなかったこと、そのことがストゥレッスになり、「ファッピョン」へ、がんへとつながったことが示唆されている。

韓国社会においては、主に既婚女性が家族の問題などに耐えきれなくなったとき「ファッピョン」を発症し、病気によって家族関係を変えてきた。いわば構造的な弱者である韓国の既婚女性にとって、「ファッピョン」は

苦悩を表出し現状を打開するための、「苦悩のイディオム」[Nichter 1981] となってきた。韓医学では次のように述べられている。「ファッピョンは弱者の表現です。家族構造において一人が一方的に犠牲になることは、一定期間は表現されなくても結局ファッピョンを作り出すほかありません。古典的なファッピョンは婚家の関係における嫁のファッピョンが一般的でしたが、今日では夫婦関係において発生するファッピョンが多くなりました」[대한한방신경정신과학회 화병연구센터 二〇一四：二一七]。

現代韓国社会では「ファッピョン」に類似した病気としての乳がんが、女性たちの「苦悩の表出手段としての病気」の位置にある。韓医学は、西洋医学ががんには関係ないものとして切り捨ててしまう苦悩を受け止める役割を果たしている。ただし韓医学の医療者が直接患者の語りを聴いて支えるというよりは（そのようなケースもあるにせよ）、特に「ファッピョン」とがんをうまくつなぐ言説を社会全体に発信することを通して支えている側面が大きいであろう。

2 韓医学と民間医療の構図

韓国の国家統計ポータルによれば、二〇歳以上の男女五〇〇〇名を対象とする二〇一四年の調査において、全体の九二％が韓方医療を受けた経験がある。鍼治療の経験がある者は全体の八四％であり、二〇歳代でも七〇・八％の者が経験している。韓方医療の施術を受けた機関としては韓医院が八六・五％、その他は韓方病院、韓薬房、病医院、薬局、民間施術機関、保健所、療養病院などである。韓医学が身近な存在であり、人びとが多様な機関で施術を受けていることが分かる。

近年の韓国では、がん患者をターゲットとする療養病院が雨後の筍のように次々と作られている。療養病院は次のように規定される。「療養病院は、医師または韓医師が医療を施す所として定義されている。療養患者を三〇人以上収容できる施設を備え、医療サービス提供を目的として開設された医療機関を言う。ただし一般病院

と異なり、医師および看護師の法定配置基準緩和と、社会福祉士や理学療法士の追加配置を特徴とする」［매일경제용어사전 ウェブサイト］。

療養病院は一般病院ではないため、化学療法や放射線療法は施さない。患者たちは治療期間中、療養病院に入院してそこで寝起きしつつ、大学病院に日帰りで通院して化学療法や放射線療法を受ける。このようなことが可能なのは、韓国の民間の医療保険やがん保険が療養病院も入院費支給の対象にしているためである。がんが見つかる前に医療保険やがん保険に加入していた患者にとっては、自宅から通院するよりも療養病院に入院しているほうが、生活費が浮くのみならず一日あたり五〇〇〇円～一万円程度の入院費まで受け取れて得になる。一方、療養病院の側からしても、大掛かりな治療を施さず基本的なバイタルチェックや食事管理などをするのみで保険会社から医療費を受け取ることができる。そのため、多くの患者が大学病院での治療と並行して療養病院を利用するとともに、多くの療養病院が設立されているのである。ただし国民健康保険ではカバーされない自由診療の部分が多いので、民間の医療保険やがん保険に加入していなかった患者は療養病院をあまり利用しない。

がん患者を対象とする療養病院は単に患者を寝かせておくという体裁ではなく、自由診療の報酬を得るために、また患者を集客するために、工夫を凝らしたケアを提供しており、そこに韓医師が一枚かんでいる場合が多い。ただし韓医学単独ではなく、西洋医学と韓医学、民間医療の「統合医療」を掲げるのが一般的である。インフォーマントの乳がん患者の間で人気を集めていたXがん療養病院は以下のようなケアを提供している。

Xがん療養病院は江原道の自然豊かな地域に位置するが、ソウルの代表的な大学病院へ治療を受けに通う患者のために毎日シャトルバスを運行している。この病院では、神経外科の専門医が病院長、外科の専門医が診療院長、韓医師が統合医学がんセンター長を務めている。「韓医学と現代医療機器を統合」した「洋・韓方の協診」を掲げ、がん患者の免疫強化、および大学病院で受けた化学療法や放射線療法による副作用の症状の治療を行う。病院の目玉となる設備としては、最新の高周波温熱がん治療器を売りにしている。西洋医学の医師は基本的なバイタルチェックを行い、韓医師は韓方の鍼・灸・附缸[4]・脚湯・座薫[5]などを施術する。

このほか民間医療的な治療として、温熱治療、酸素治療、ヘルストロン（高圧電流によって派生する「気」の流れによって免疫力を高める機器）治療、ゲルマニウム治療、遠赤外線の出る機器による治療、アメジストのマットによる治療、心理療法（笑い治療、アートセラピー、牧師によるスピリチュアル面の治療）、栄養療法（病院裏の畑で無農薬栽培した野菜を食事に出す）、黄土で作られた病室での滞在（黄土から出される遠赤外線により細胞を活性化）、遠赤外線サウナ、フィトンチッド（木から出される抗菌物質であり免疫力を強化する）の豊富な森林における体操や散策などを行なっている。

Xがん療養病院が提供するケアを見ると、「洋・韓方の協診」と言っても「洋」のほうは高周波温熱がん治療器の使用および医師によるバイタルチェック程度であり、積極的なケアのほとんどが韓医学および民間医療に由来するものである。特に、温熱治療以下に挙げた多様な療法は、韓国のがん患者たちが一般的に自宅で実践している民間医療の集大成とも言うべき内容である。逆の見方をすれば、療養病院に導入されている民間医療だから効き目が確かであるはずだとしてそれらの療法が権威づけられ、患者たちが自宅で実践するに及んでいる側面もあるのかもしれない。

また、少なからぬ民間医療は韓医学と親和的であり、その境界は時として曖昧である。附缸のように元々は韓医師が施術するものであった療法の家庭用キットが広く普及し独自の使われ方をしていたり、韓薬のように材料から濃縮エキスを抽出する家庭用の小さな機械が売りだされていたり、薬草や食材からエキスを大量に抽出しレトルトパウチにパッキングする「健康院」と呼ばれる店（薬局や韓医院ではない）が街にあったりと、少し体調が優れないときに手軽に試せる韓医学ふうの民間医療が市場にあふれている。また、韓薬市場へ行けば韓医学で用いられる大抵の薬草は誰でも入手できるので、エキスを抽出するような本格的なことはせずとも、体調の不調に合った薬草を自宅でお湯に煮出して「韓方茶」として日常的に飲用することは広く行われている。この「韓方茶」は韓医学的な知識に基づいているが、韓医師や韓医院を介していない点で、韓医学と民間医療の間に位置づけられるであろう。

このほか、肺がん患者が肺に良いとされる「白い食べもの」を食べるといった民間医療的な食餌療法が韓国で広く行われているが、食べものの色によって効果をもたらす部位を五つに区分する考え方は東洋医学の陰陽五行に由来するものである。韓医学的な考え方や行為が古くから日常生活に浸透してきた分、韓医学と民間医療の親和性が高いと考えられる。

3　西洋医学と民間医療の構図

韓国の大学病院において医療陣は、民間医療を治療の妨げとして駆逐しようとする。例えば大学病院のがん患者向けセミナーで、ある医師は「立証されていない食餌療法や代替療法は治療や回復の機会を減少させうるので慎重に選択しなければなりません」と述べた〔二〇一二年二月二一日〕。この背景には、韓国の多くのがん患者が「肉を食べるとがんになる、がんが進行・再発する」という民間医療的な信念を持っていること、肉を食べないために体力が落ちて化学療法が継続できない患者が続出していることに対する医療陣の苛立ちがある〔澤野二〇一六〕。また、健康補助食品を食べてもいいかどうか尋ねる患者たちを医師が毎日のように相手にしなければならなかったり、患者たちが断食をしたり特定の食品ばかりを大量に摂取したりするなどの極端な食餌療法に走ることで病院での治療に支障をきたしたりすることも、民間医療が西洋医学の医療陣から嫌われる要因となっている。

また、極端な民間医療に走る患者に対しては、医師だけでなく西洋医学の標準治療を受ける患者たちからの視線も往々にして冷たい。二〇一七年夏、ある末期の乳がん患者が「酵素チムジル」（砂風呂のような形式のサウナで、人体の細胞の奥深くに熱と酵素を届け、体内の老廃物を排出して全身の血液循環を良くするとされる）に救いを求め、住みこみで治癒に臨んだが、ほどなくして亡くなった。この患者と親しかった他の患者は彼女の死を悼みながら、「よく食べて運動をしていたらよかったのに、酵素チムジルなんかに行くからあっという間に逝ってしまった。生きようと努力してのことだったんだろうけど……」と言った。

一方、民間医療は西洋医学を批判する力を原動力にしつつ、西洋医学という「虎の威を借る」ことで自らを権威づけている側面がある。韓国社会では様々な民間医療がしのぎを削っており、その中で突出するためには効果の科学的裏付けあるいは社会的裏付けが必要となる。

まず科学的裏付けとしては、効果を数値化して示すことや、効果を著名な学術ジャーナルに載せるという方法がある。これは西洋医学と同じ方法を利用している。ジャーナルが国内のものではなく欧米のものであれば印象がさらに上がる点も、西洋医学界の価値観をそのまま投影している。また、効果を言語化するにあたり、「この療法を用いることでナチュラルキラー細胞[6]が増えて免疫力が上がる」など西洋医学の概念を用いて説明することも、科学的裏付けの一環である。

次に社会的裏付けとしては、逆説的に、西洋医学の病院でその治療法が禁止されていることが挙げられる。病院で禁止されているということはすなわち、「この治療法を使うとみんなが治ってしまって全国の病院・製薬会社がつぶれるから政府ぐるみで開発を阻止している」というロジックにつながる。本当は現代の高度な科学技術を用いればがんを一発で治してしまえる薬を作ることは簡単であるが、そのような薬ができてしまえば世の中が失業者だらけになるため、がんを完治させる薬は絶対に開発されない、という話を、筆者は何人もの患者から聞いた。このほかの社会的裏付けとして、西洋医学の有名教授や医学博士がその食品や治療法を勧めるコメントを書いていることが挙げられる。さらに彼ら自身が自分の体を使って効果を証明したとあらば権威は絶頂に上る。

下記の事例は、西洋医学の有名医師が自らのがんを治したという口コミで人気の薬草研究家にまつわるものである。

二〇一二年八月八日、筆者は乳がん患者会で知り合ったクォン・ミョンスク（仮名、五〇歳代女性）と共に、有名な薬草研究家のもとを訪問した。患者たちの口コミでは「ソウル大学病院のある有名医師が、自分ががんに罹った時、病院での治療を一切せず、江原道の薬草研究家のもとに通った。肉を食べるのをやめ、薬草研究家の煎じた薬を飲み続けたところ、末期がんがきれいさっぱりなくなってしまった」という。

クォンは複数個所にがんが転移しており、大学病院での治療は続けつつも完治は難しいとされていることから、藁をもすがる思いで薬草研究家に望みを託そうとしていた。長期にわたる抗がん剤投与の副作用で足が痛むクォンにとって、公共交通機関を乗り継いでソウルから江原道まで行くのは容易なことではなかったが、それでも筆者と共に頑張って江原道のA市外バスターミナルへたどりついた。そこからはタクシーで、しばらく一般道を走った後、舗装されていないウネウネと曲がりくねった砂利道を上っていった。

薬草研究家の作業場は山奥にあった。ビニールハウスが数棟並び、その中ではずらりと並んだ棚に乾燥させた薬草が所狭しと並べられていた。至る所に監視カメラが設置されているらしく、その画像を写し出すモニターは大きなものが四台、小さなものが一二台あった。ビニールハウスを抜けたところに小川と小屋があり、二人の中年女性が薬草研究家に健康相談をしていた。筆者らがタクシーを待たせているというと、女性たちは席を譲ってくれた。

薬草研究家はワイシャツ姿で初老の白髪の男性であった。彼はクォンと向かい合わせに座ると、韓医師のようにクォンの手首をとって押したり腹回りに触れたりして診察を行った。薬草研究家は「腸の調子はよくなったが血液のめぐりをよくする薬は続けて飲まなければならない」「前に来た時は化学療法をして一〇歳の子どもぐらいの体力しか残っていなかったが、だいぶよくなったから今回はチョンジウォン（がんに効く薬草ブレンドエキス）を飲んでもいい」と言う。そして「もう病院に行くのはやめなさい。化学療法を受けるのもやめなさい」と言った。

続けて診察した筆者に対しては「肺と気管支がよくない」と言い、鎖骨に触れて「左は腫れているけれど右は腫れていない」と言う。さらに「肝が良くない、肝硬変の傾向があり、肝にしこりができてはつぶれている。だから大丈夫なことは大丈夫だが、うまくつぶれないときにはお腹が腫れる。つぶれるときおならが非常に臭くなり、水気の多い黒い便が出る。にんにくやおかずを多く食べなさい。体力がないのも肝のせいだ。ひどくなると手がしびれて腰や膝が痛くなる」と言い（筆者にそのような自覚症状はなかったが）、薬草エキスを飲むよう言った。

そして薬草エキスの郵送先を台帳に書かせ、渡した名刺に記載してある銀行口座に代金を振り込むよう言った。薬草エキスの価格は一五日分で一〇万ウォン、筆者が遠方から来たということで割引いて九万ウォンにするという。郵送先を書かせた分厚い台帳には、全国から訪ねてきた大勢の人たちの名前と住所が書き連ねられていた。渡された名刺を見る限り、彼は医師でも韓医師でも薬剤師でもないようであった。名刺の表面には薬草研究所の屋号と薬草研究家夫妻の名前および顔写真が印字され、裏面には地図が記載されて「ソウル医大教授○○○食品研究所農場」と記されていた（○○○は薬草研究家夫妻とは異なる人名）。

当日夜、クォンはこの薬草研究家を紹介してくれた患者仲間に電話で報告し、「（大学病院の）先生に化学療法を少し休もうと提案してみるつもり。化学療法をやめたいとまで言ったら先生に「もう私は知らない」と突き放されそうで怖い。先生とのつながりも少し残しておくために、さりげなく、化学療法を休もうと言うつもり。効く薬がある限りは現代医学を受けるべきだし、方法があるのにそれを放棄して自然治癒だけに頼ったらどこか心残りがあるからいけない」と言った。クォンは筆者に「最初は薬草の話も他の「民間療法」と同じように関心が向かなかったけど、現代医学で方法がないと言われたときに備えて、頼るところを一つは持っておきたいと思って（薬草研究家の）おじいさんのもとを訪ねたの」と述べた。

しかし翌週の八月一七日、クォンは大学病院で化学療法を受けた。クォンは筆者に「本当は化学療法を受けずに薬草に専念したかったけど、（大学病院の）先生のご機嫌を損ねるのもよくないので、今回の抗がん剤は礼儀上、受けてあげたのよ」と言った。

この事例から分かることは次のとおりである。ソウル大学病院は韓国において、西洋医学の最も権威ある病院である。そのような病院に所属する有名医師が、自分のがんを治す際に西洋医学ではなく民間医療を選択した、しかも末期がんを完治させた（ただしこの口コミの真偽は不明である）。このことは、西洋医学のプロフェッショナルですら、民間医療のほうが優れていることを身をもって示したということを意味する。また薬草研究所の地図に「ソウル医大教授○○○食品研究所農場」とソウル大学医学部の医師の名を冠することも、西洋医学の権威から認められた研究所であることを演出している。薬草研究家自身は医療者としての国家資格を何ら持っていないにもかかわらず、ソウル大学病院の医師の名を冠して西洋医学という「虎の威を借る」ことで、人びとの信頼を集めている。

西洋医学を利用した権威づけ以外にも、上の事例からは三つのことが指摘できる。

第一に、民間医療の医療者が患者に対して、西洋医学と手を切ることを促す点である。「もう病院へ行くのはやめなさい。化学療法を受けるのもやめなさい」と、薬草研究家はクォンに促している。それは、その前の「前に来た時は化学療法をして一〇歳の子どもぐらいの体力しか残っていなかったが、だいぶよくなったから今回はチョンジウォン（がんに効く薬草ブレンドエキス）を飲んでもいい」という言葉に見られるように、抗がん剤が患者の体力を奪い、薬草治療の妨げになると考えているためである。クォンが病院へ行けば、抗がん剤を打つよう医師に言われる。再び抗がん剤を受ければ、また体力が落ちてチョンジウォンを服用できないことになる。そのため薬草研究家はクォンに病院へ行くのをやめるよう促す。つまり薬草研究家は、西洋医学の権威は借りるものの、西洋医学の治療は薬草治療とは相容れないものとして位置づけている。

第二に、民間医療が、西洋医学で救いきれない患者の望みを受けとめる点である。クォンは「現代医学で方法がないと言われたときに備えて、頼るところを一つは持っておきたいと思って(薬草研究家の)おじいさんのもとを訪ねたの」と述べている。この言葉からは、西洋医学では治療に限りがあって、医師に見放されるときが来ること、しかし患者は最後まで頼れる医療者を求めていること、その最後まで頼れる医療者が薬草研究家であることがうかがえる。西洋医学で救いきれない患者の望みを最後まで受けとめる役割を、民間医療が担っている。

第三に、患者にとっての西洋医学の重要度の高さが指摘できる。「効く薬がある限りは現代医学を受けるべきだし、方法があるのにそれを放棄して自然治癒だけに頼ったらどこか心残りがあるからいけない」というクォンの言葉に見られるように、患者にとって、西洋医学と完全に手を切るのは相当の覚悟がいることである。薬草治療に専念したいと考えるクォンであるが、方法がある限りは西洋医学の治療を受けなければ心残りがあると考えている。また、医師に「もう私は知らない」と言われ、医師と手が切れるのは怖い。そのためクォンは医師の顔色をうかがい、本当は受けたくなかった抗がん剤も医師の機嫌を損ねないために「礼儀上、受けてあげた」という行動に出ている。

このように、西洋医学から見た民間医療は排除すべきもの、民間医療から見た西洋医学は権威づけに必要であるが治療には妨げになるもの、患者から見た両者はどちらも必要なものでありつつ西洋医学に置かれる比重が大きいことが指摘できる。

六　おわりに

第二章で述べたように、韓医学あるいは民間薬を用いた療法が主流であった朝鮮半島に西洋医学がもたらされたのは一八七六年の開港以降のことであった。西洋医学は、最初は主にアメリカと日本からもたらされ、植民地期に正規医療として制度が確立され、保健医療政策によって広く浸透した。そのなかで韓医学は、制度上は周縁部へと押しやられていったが、実質上は人びとの生活の中で重要な役割を担い続けた。

植民地解放後の医療の特徴としては、国家が西洋医学と韓医学の両方を正規医療として公認し制度化してきたこと、人手不足の時期には医師・薬剤師・韓医師の区分にあまり囚われず、三者が共に医療専門家としての役割を担ってきたことが挙げられる。植民地解放後に韓医学を正規医療として確立させたのは、外来の医学に屈してきた「固有」の医学を復興させるという意図も大いにあったと考えられる。本稿では詳しく検討できなかったが、韓国の医療状況を見るとき、ポストコロニアルという要素も重要である。

韓国社会においては、薬剤師―韓医師間、医師―薬剤師間、医師―韓医師間のいずれにおいても制度上の対立関係が展開されてきた。現在に至るまでの制度の変遷は、三者の関係に重要な影響を与えている。さらには患者や医療者の認識において、西洋医学／韓医学／民間医療の三者間にそれぞれ複雑な関係性が存在する。まず、西洋医学と韓医学の関係を見てみると、一部の医師たちが「統合医療」を目指すように並存可能な要素を持っているものの、主として互いに対照性を打ち出すことで韓国の医療市場における棲み分けをしている。患者側には、本格的に一方を取り入れる場合はもう一方を拒絶する様子が見られるが、これは両者の打ち出す対照性や制度的な対立を受け、医療者の顔色をうかがうという要素が強い。韓医学は、西洋医学ががんには関係ないものとして切り捨ててしまう苦悩を受け止める役割を果たしている。西洋医学によって満たされない残余部分への女性たちの苦悩を受け止める点で、韓医学は、民間医療的な性質——正規医療から取りこぼされる患者の希求に応えるという側面——をもつ。

次に、韓医学と民間医療の関係を見てみると、少なからぬ民間医療は韓医学と親和的であり、その境界は時として曖昧である。韓医学と民間医療をがん患者の治療実践に浸透させるうえで重要な役割を果たしているのが、自由診療収入を狙う療養病院である。療養病院に取り入れられている多様な療法は、韓国のがん患者たちが一般的に自宅で実践している民間医療の集大成とも言うべき内容である。

最後に、西洋医学と民間医療の関係を見てみると、韓国の大学病院において医療陣は、民間医療を治療の妨げとして駆逐しようとする。一方、民間医療は西洋医学を批判する力を原動力にしつつ、西洋医学の権威を利用することで自らを権威づけている。西洋医学から見た民間医療は排除すべきもの、民間医療から見た西洋医学は権威づけに必要であるが治療には妨げになるものである。患者から見た両者は、どちらも必要なものでありつつ西洋医学に置かれる比重が大きい。

これらをまとめると、まず西洋医学は韓医学や民間医療を排除するが、意図せずそれらを支えている。具体的には、科学的に韓医学の効能を示すのに役立ったり、民間医療の権威づけに利用されたりしている。次に韓医学は、正規医療的な側面と民間医療的な側面という両面性を持つ。西洋医学の対極に位置づけられることで、正規医療としては相対的に弱い立場に置かれるが、むしろその位置によって強いアイデンティティと支持者を確保している。最後に民間医療は、西洋医学と韓医学の要素を部分的に利用している。野村は、正規医療と民間医療が互いに全く関係のないものではなく「正規医療と民間医療を互角に置いて相互作用から見ること。相互作用あっての両者である」[野村　二〇〇〇：八九]と述べているが、現代韓国の西洋医学、韓医学、民間医療についても同様のことが言える。

韓国社会の近代化とともに近代科学的・近代栄養学的なものの見方が浸透し、人々は韓医学や民間医療にもますます「科学的」な裏づけを求めるようになっている。そのため、韓医学や民間医療も何らかの近代科学的文脈で効能の裏付けをする。ある韓医院のホームページでは、陰陽五行に基づいた食餌療法を紹介し、部位ごとに効く色の食べ物を示しているが、その説明には西洋医学的なものも含まれている。例えば赤い色の食べ物（唐辛子、棗《ナツメ》、トマト、葡萄など）は陰陽五行の上では心臓・小腸・舌に効き、西洋のカラーフードの概念では心臓強化とがん予防に効く。これらの食べ物はリコピンやアントシアニンが豊富なので免疫力増進、抗がん効果、老化防止効果がある、と説明されている。このように韓医学と西洋医学というそれぞれ異なる概念を同時に用いて効能を説明しているにもかかわらず、両者を対立させず、韓医学の概念の中に西洋医学の概念をうまく取り込んでいる。

また患者たちの日常的な治療実践においては、西洋医学的な概念で裏付けられる療法と、韓医学的な概念で裏づけられる療法が、併用可能なものとして位置づけられることもある。このことは、病院での本格的ながん治療において西洋医学と韓医学が互いに排他的であるのとは対照的である。民間医療は西洋医学と韓医学の周辺部で形作られる無秩序なブリコラージュのようにも見えるが、制度的に対立する西洋医学と韓医学という二つの正規医療の間で緩衝材としての役割を担っていると見ることもできよう。

注

（1）バイオメディスン（biomedicine）とは、人間の身体の生物学的知識に基づいて体系づけられた医学のことをいい、近代西洋社会で生まれたものを指す［波平 二〇一一：一六二］。バイオメディスンは「生物医療」「科学的医学」「現代医学」ともよばれる。

（2）当時多くの単科大学が総合大学への昇格を希望したが、その要件として理系の学部を一つ以上設置しなければならなかった。工学部や農学部等に比べて薬学部は、施設等の面で設置が相対的に容易であったため、昇格を希望する大学にとって第一の設置候補となった［최희경 二〇〇七：三三二］。

（3）ストゥレッス（스트레스）とは、英語の stress が転化した言葉である。韓国の精神医学やメディアは英語の stress の定義をそのまま韓国語訳して用いているが、韓国の人々は스트레스を英語の stress や日本語のストレスよりも広い現象にあてはめて

用いる。例えば、自分の容姿が美しくないことへの不満、がん再発についての不安、欲求を心にとどめて我慢すること、他人に文句を言えずに自分のことより他人のことを優先してあげること、家事や介護に追われること、親が愛情表現をしてくれないこと、夫の無理解や浮気や浪費癖、夫が母親の言いなりになっていることなど、日本であれば「ストレス」という言葉で表現しないような現象も広く「ストゥレッス」という言葉で語る［澤野 二〇一七］。そのため本論文では、英語のstressや日本語のストレスと区別する意味合いで、現地語の発音に近い「ストゥレッス」と表記した。

（4） 附缸（부항）とは、細い針で無数の穴をあけた肌に、ガラス製の半球体状の器を密着させ、器の内部の空気を抜いて、肌から血液を吸い上げるものである。これにより「悪い血」を抜くことができるとされ、一般家庭で実践されることも珍しくない。

（5） 座薫（좌훈）とは、薬草を煮出した湯を座面に大きな穴の開いた椅子の下に設置し、椅子に腰かけて女性器に湯気を当てるものである。大衆サウナでも一般的に行なわれている。韓医学の「薫蒸法」に該当する。

（6） ナチュラルキラー細胞とは、白血球に含まれる免疫細胞の一種である。免疫細胞とは、「細胞免疫機能に携わるもので、リンパ球のなかのT細胞（特にCD4T細胞やCD8T細胞）やNK（ナチュラルキラー）細胞などである。健常人が発癌することなく健康を保てるのは、これらの細胞の機能が働き、体内で発生する悪性細胞を駆逐してくれるからだといわれている」［日野原・井村 二〇〇二：三三三］。

参考文献

奥野克己
　二〇〇六 『帝国医療と人類学』横浜：春風社。

黒田浩一郎
　二〇〇〇 「民間医療と正統医療の地政学的「関係」」佐藤純一編『文化現象としての癒し』一四三―一八三頁、大阪：メディカ出版。

佐藤純一
　二〇〇〇 「民間医療のトポロジー」佐藤純一編『文化現象としての癒し』一―三六頁、大阪：メディカ出版。

澤野美智子
　二〇一六 「〈正答〉のない〈正しさ〉を生きる――韓国におけるがん患者の療法」白川千尋・石森大知・久保忠行編『多配列思考の人類学――差異と類似を読み解く』二二三―二四四頁、東京：風響社。

鄭根植
二〇一七『乳がんと共に生きる女性と家族の医療人類学――韓国の「オモニ」の民族誌』東京：明石書店。
波平恵美子
二〇〇四「植民地支配、身体規律、「健康」」水野直樹編『生活の中の植民地主義』五九―一〇二頁、京都：人文書院。
野村一夫
二〇一一『文化人類学【カレッジ版】』東京：医学書院。
二〇〇〇「メディア仕掛けの民間医療――プロポリス言論圏の知識社会学」佐藤純一編『文化現象としての癒し』七七―一四一頁、大阪：メディカ出版。
日野原重明・井村裕夫監修
二〇〇二『看護のための最新医学講座三三 alternative medicine』東京：中山書店。
ポーター、ロイ
一九九三『健康売ります――イギリスのニセ医者の話』田中京子訳、東京：みすず書房。
三木栄
二〇〇〇「医学」伊藤亜人・大村益夫・梶村秀樹・武田幸男・高崎宗司監修『新訂増補朝鮮を知る事典』九頁、東京：平凡社。
노동영
二〇〇七『유방암 가이드북』서울：국일미디어。
대한한방신경정신과학회 화병연구센터
二〇一四『화병 一〇〇문 一〇〇답』서울：집문당。
민성길
二〇〇七『火病研究』서울：엠엘커뮤니케이션。
박윤재
二〇〇五『한국 근대의학의 기원』서울：혜안。
최영진・이화진・김준홍・황만기
二〇〇六『"화병" 제대로 알고 제대로 풀자』서을：도서출판 북피아。
최희경
二〇〇七『한국의 의료갈등과 의료정책』서울：지식산업사。

Nichter, M.
1981 Idioms of Distress: Alternatives in the Expression of Psychosocial Distress: A Case Study from South India. *Culture, Medicine and Psychiatry* 5: 379-408.

参照サイト
국가통계포털（二〇一八年三月一五日最終確認）
http://kosis.kr/statisticsList/statisticsList_01List.jsp?vwcd=MT_OTITLE&parmTabId=M_01_02#SubCont
동구당한의원（二〇一八年三月一二日最終閲覧）
http://blog.daum.net/donggudanglove/865
매일경제용어사전（二〇一八年二月二六日最終閲覧）
http://terms.naver.com/entry.nhn?docId=15774&cid=43659&categoryId=43659

『槿域書画徴』制作の意図とその意義

金 貴粉

はじめに

『槿域書画徴』とは、朝鮮の歴代書画家一一一七名についての記録を初めて体系的に集成した書画人物辞典である。一九一七年に『槿域書画史』(図1)という名で成稿し、一九二八年に啓明倶楽部から『槿域書画徴』(図2)として出版された。日本でも『朝鮮書画人物辞典』として国書刊行会から一九九二年に再版されている。

作者である呉世昌は一八六四年、朝鮮に生まれた。甲午改革以降からは開化派の官僚として積極的に活動したが一九〇二年、開化党事件により日本に亡命する。その後天道教に入教。一九〇六年には、孫秉熙、権東鎮と共に帰国し、『万歳報』を創刊、社長に就任した。併合後は、三・一独立運動で民族代表三三人の一人として独立運動を行う一方、書芸家・鑑識家・研究者として書に関する活動を積極的に行い、数多くの功績を残した。その中で特に大きな功績が『槿域書画徴』を世に送り出したことである。

しかし、植民地期朝鮮の書芸に関する研究は現在においても残念ながら多いとは言えない。植民地期朝鮮の書芸に関する評価は、植民地期ばかりか解放後の韓国においても日本の植民地政策により朝鮮人による主体的な書芸活動を行う場や環境が確保されなかったことから衰退の一途を辿ったとする見解が大勢を占め、低いものであった〔金　一九六六〕〔任　一九八二〕〔白・豊島・太田　一九九二〕。同時にその中の朝鮮人書芸家による活動も積極的な評価はなされてこなかった。朝鮮で初めて体系的な歴代書画家たちについての記録を集成した『槿域書画徴』の評価についても長年、書画研究の便宜を提供する辞典類、あるいは資料集程度の評価にとどまるものであった

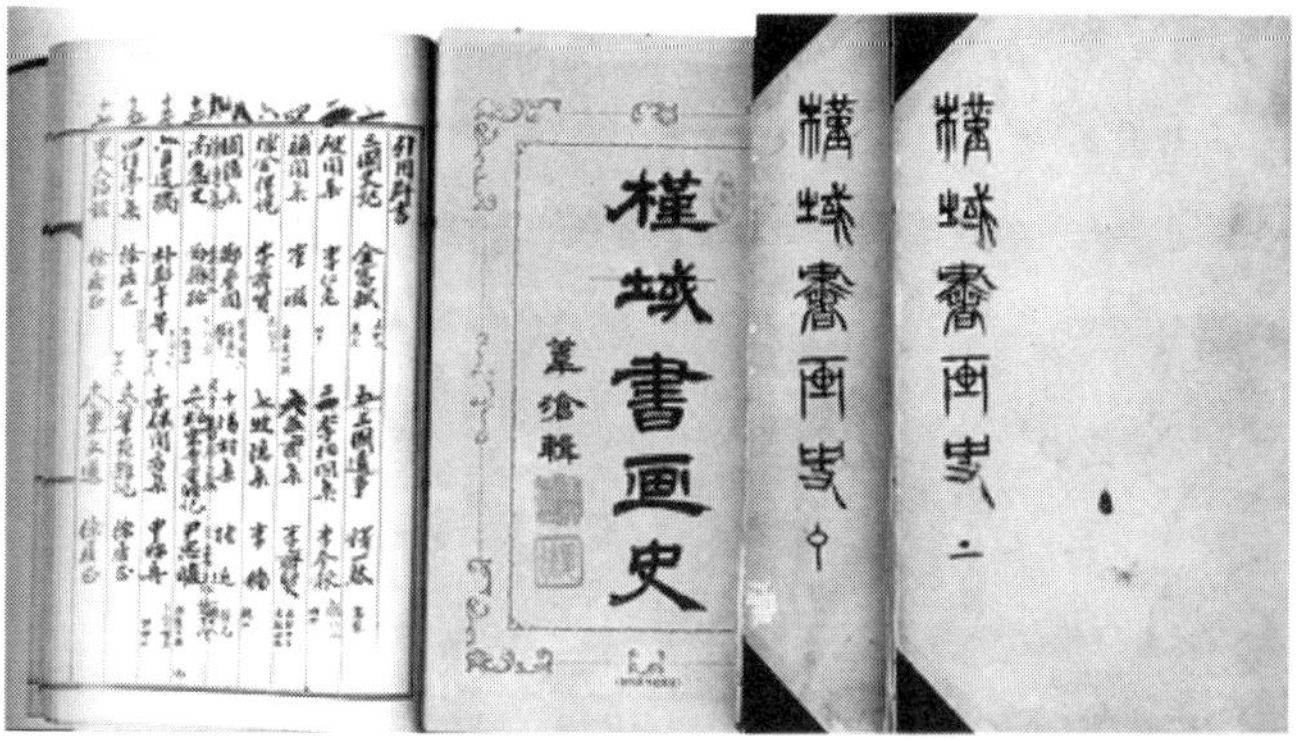

図 1　『槿域書画史』1917 年

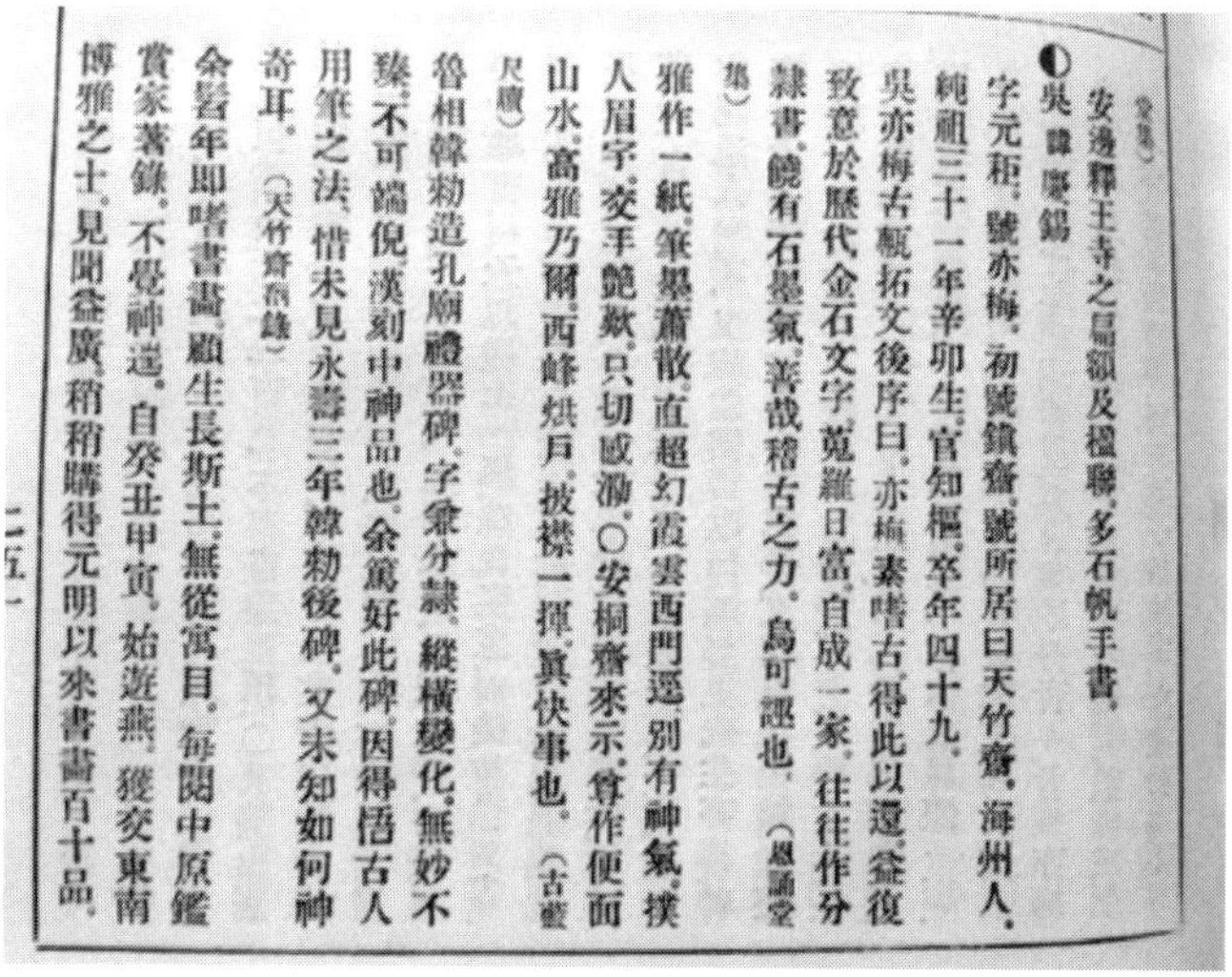
（金集）
安邊釋王寺之扁額及楹聯。多石帆手書。
◐吳諱慶錫
字元秬。號亦梅。初號鎭齋。號所居曰天竹齋。海州人。
純祖三十一年辛卯生。官知樞。卒年四十九。
吳亦梅古甎拓文後序曰。亦梅素嗜古。得此以還。益復
致意於歷代金石文字。蒐羅日富。自成一家。往往作分
隷書。饒有石墨氣。善哉稽古之力。烏可誣也。（恩誦堂
集）
雅作一紙。筆墨蕭散。直超幻霞婁西門逕。別有神氣。撲
人眉宇。交手艶歎。只切感溯。〇安桐齋來示。脅作便面
山水。高雅乃爾。西峰烘月。披襟一揮。眞快事也。（古歡
尺牘）
魯相韓勑造孔廟禮器碑。字兼分隷。縱橫變化。無妙不
臻。不可端倪。漢刻中神品也。余篤好此碑。因得悟古人
用筆之法。惜未見永壽三年韓勑後碑。又未知如何神
奇耳。（天竹齋箚錄）
余髫年即嗜書畫。顧生長斯土。無從寓目。每閲中原鑑
賞家著錄。不覺神遊。自癸丑甲寅。始遊燕。獲交東南
博雅之士。見聞益廣。稍稍購得元明以來書畫百十品。
二五一

図 2　『槿域書画徴』1928 年（部分）

が、近年、〔李　二〇〇〇〕、〔洪　二〇〇二〕等により『槿域書画徴』の重要性が指摘されるようになった。

特に洪善杓は、『槿域書画徴』について通史的構図を指し示したと評価すると共に、植民地下における書芸活動により生みだされたものであるという点を注視し、「新伝統主義の歴史意識の諸産物」〔洪　二〇〇二〕と評す。この「新伝統主義」という言葉には、朝鮮王朝時代における士大夫文化の諸産物ではなく、継承すべき民族文化の遺産として認識する契機となったという主張が含まれている。この指摘はこれまでの先行研究とは異なり、朝鮮人自らの主体的な活動を積極的に評価する視点を提示する。しかしながら当時の日本人書家による朝鮮書芸史研究や当時の中国を含む書道史研究との比較から『槿域書画徴』の位置づけを検討するに至っていない。

本稿では『槿域書画徴』制作の経緯と内容および制作の意図について、呉世昌の学書体系をふまえた上で、当時の日本人書家による朝鮮書芸史研究比較と「植民地期における朝鮮人による主体的な伝統文化の創造」という観点から考察し、その意義について明らかにしていくことを目的とする。

一　『槿域書画徴』の構成内容と執筆方法

『槿域書画徴』の構成は、第一編を新羅編、第二編を高麗編、第三、第四、第五は朝鮮編とした全五編構成となっている[1]。

一九一七年に『槿域書画史』という名で一度は擱筆した呉世昌であったが、「年数が経ち、亡くなる人も出た。その後、数年の間に書画界にはさらに物故者が現れたので「増録」をつくり、それを本編の後ろに増補した」[2]と『槿域書画徴』「凡例」に記す通り、一九二八年に出版するにあたり、加筆している。結果、記載された書画人たちは、一九二八年の出版直前に他界した丁大有、羅壽淵に至るまで書芸家が三九二名、画家五七六名、そして書画家一四九名の全一一一七名を網羅することとなった。

この構成については洪善杓が「美術史的編年を試みた」とし、重要な意義を持つと評価する［洪　二〇〇一：二〇〇］通りであるが、同時に朝鮮人の書画人たちを初めて体系的に顕示したという点においても大きな意義があるだろう。

それではその内容はいかなるものであったのか。呉は、歴代朝鮮人書画人たちの姓名、雅号、本籍、家系の来歴、過去の官職と卒年、書画活動の記録を記載し、書、画、あるいは書と画をよくした者をそれぞれ○、●、◐で示している。この記号により、各人の書画活動について端的に知ることができる。それとともに着目すべき点は朝鮮時代においては書画一致の志向性がある中で、書、画、あるいは書画をあわせて行う人物という区分をしていることから、呉自身、これらの区分が妥当性を持ったものだとする認識を持ち得ていたことである。歴代書画人物を単に時代順に追うだけではなく、呉によって示されたそれらの区分により、それまでの書画認識が変容してきたことが明らかとなった。

果たして呉はどのように執筆を進めたのか。この点について、『槿域書画徴』の「凡例」に次のように記されている。

はじめは、古代と近来の名人の著述によって進め、その間に見たものを渉猟したところ、断片が久しく集まり徐々にその数が増えていき、また山や塚をなすようであり、裂けてしまった絹や屛風・書帖・対聯のような作品について印記を根拠として、書かれている書名を調べ、人名や時代によって分類し、その技芸がわかるようにし、散逸することを惜しんだ(3)。

その執筆は、『三国史記』、『三国遺事』を始めとする二七〇余種の国内外の各種文献や族譜、並びに古文書・金石文・書画の題跋と款署・図印等、広範囲に及ぶ関連資料をもとに行っている。ここで呉は必ず典拠を示しているのである。

二　『槿域書画徴』制作の背景

1　家学の継承

『槿域書画徴』引に「昌《ママ》恐墜家学」とあるように、呉世昌は自らの学問を支える系譜を築き上げてきた家系の学問の功績をここで朽ちさせることに危機感を募らせていることがわかる。

呉世昌は、一八六四年陰暦七月十五日、ソウル中部の梨洞（現在の乙支路二街）において、訳官であった父、呉慶錫（一八三一―一八七九）の長男として生まれた。父親である呉慶錫は、従一品の崇禄大夫にまで昇進し、当時、高名な漢語の訳官として、十三度も燕京（北京）との間を往来した。そのため、早くから当時の情勢を察し、開化派の一員としてもその名を馳せた。また数多くの書画を持つ収集家としても高名であった。そうした父の影響から、世昌も幼少の頃から、数多くの書画作品や法帖に触れてきた。その後一八七九年、世昌が十五才の時、彼に大きな影響を与えた父が他界する。

呉世昌の家系は、海州呉氏という代々訳官を輩出する有名な家系であり、呉世昌も一八八〇年、十七歳の時に司訳院に登第した。しかし一八八四年、甲申政変に巻き込まれ、広州に避難を余儀なくされる。その後、一八八六年に博文局の主事と政府から刊行された『漢城周報』の記者を経て、一八九四年の甲午改革以降は、開化派の官僚として積極的に活動していった。一八九五年以降、正三品工務衙門参議、農商務参書官、郵政局通信局長を歴任した後、一八九七年から一年間、日本の文部省に招請され、東京外国語大学の前身である東京高等商業学校の附属外国語学校・朝鮮語科教師として赴任した[4]。翌年、帰国するが、再び一九〇二年、開化党事件により日本に亡命する。その時、今後の運命を左右する天道教教主・孫秉熙に出会い、天道教に入教。その後、導師として活動を行うことになる。一九〇六年には、孫秉熙、権東鎮と共に帰国し、『万歳報』を創刊、社長に就任した。その後も大韓協会等での活動において、『大韓民報』を創刊し、社長に就任するなどの言論活動を行った。そして、それは一九一九年の三・一独立運動の際、独立宣言書に民族代表三十三人中の一人として名を連ねることにつながっていく。

以上のように、呉世昌は官職生活の傍らで開化派としての活動に携わり、さらには日本への亡命を経て、天道教導師としての活動を積極的に行っていったが、それも一九一〇年の日韓併合によって、それまでの活動の方向を変えざるを得なくなる。日韓併合後、『大韓民報』が廃刊され、言論生活が閉塞していく過程で、彼は徐々に書画界との関わりを持つようになっていった。その後、彼の活動は著しく書芸に重点がおかれることになるのだが、このように、呉世昌が書芸活動を本格的に開始する時期は、まさに朝鮮が植民地化された一九一〇年以降と重なっていくのであった。

呉世昌の書芸観形成には父親である呉慶錫の影響を無視することはできない。筆者は韓国国立中央図書館所蔵の葦滄（呉世昌）文庫において中国、朝鮮、日本の膨大な書関連文献・金石学関連文献を確認したのだが、それらの膨大な蔵書類には父・呉慶錫から引き継いだものも多いからである。呉世昌の書芸観形成の背景について明らかにするため、次に呉慶錫の書芸観について考察していきたい。

前述したように呉慶錫は、訳官として十三度も燕京を往来する中で、早くから当時の情勢を察し、開化派の一員としてもその名を馳せた。また、そうした頻繁な燕京往来により当代の様々な人士達と交流を深め、書芸活動や『三韓金石録』を著すなど、金石学研究においても成果をあげた。特に田琦（一八二五―一八五四）との交流を始め、清末期の程祖慶や潘祖蔭（一八三〇―一八九〇）などの書画収集家と交流して体得したと見られる書画鑑識は、神のような境地であるという評価が与えられたほどであった。(5)

呉慶錫は、数多くの書画を持つ収集家としても名が高かったが、それは、呉世昌によって書かれた『槿域書画徴』の「呉慶錫」項における次のような記述からも伺える。

私は、幼い時から書画に親しんだ。振り返ると、この狭い国に生まれ、特に見るほどのものも無く、いつも中国の鑑賞家達の書物を閲覧していた。そうしている内に自分でも知らぬ間にそちらに心が傾いていった。癸丑から甲寅にかけて、初めて燕京を訪れたのだが、その時東南の見識の深い士たちと交遊する機会を得、広く見聞した。少しずつ元明以来の書画百十点と、三代秦漢の金石、晋唐の碑版を購入していき、それらは数百種をこえた。しかし、いまだに唐・宋人の真蹟を得られず、残念に思う。[6]

この記述から、呉慶錫は中国の人士達と交わる中で、書画作品の蒐集を始め、その内容も時代を問わず、書画だけではなく、金石や碑版法帖まで熱心に蒐集していたことがわかる。そしてその数も数百種をこえたとしている。これらの作品や書物はその後、呉世昌に引き継がれ、『槿域書画徴』の刊行につながっていくことになった。

呉慶錫は、書画作品も残しているが、書芸作品については礼器碑や顔真卿を好んで学書していたことがわかる。[7] 特に礼器碑に関しては、「八分と隷書を兼ね、縦横無尽の変化を来し、素晴らしい境地に達したものであるとし、それは漢刻中でも神品であるといえる」と高く評価している。[8] さらに礼器碑を大変に好むのは、古人の用筆法を明確に知る事ができるからだとしており、その後に続く、「永寿三年の韓勅後碑を見ることができないこと、それがわからないのも不思議なことであるが、そのことのみが残念である。」という文章からも彼の礼器碑に対する傾倒が窺える。[9]

呉慶錫は実際に、礼器碑の跋文も残しているが、このような形式は、清代後期に隆盛した金石学の影響を受けたものであった。すでに指摘されるように、これは、朝鮮後期から末期にかけて、いち早く清朝の考証学の風潮を朝鮮に伝えた金正喜の影響が大きいといえる［安　一九八七：一六八］。彼は、実事求是を主張し、実学と金石学に大きな業績を積んだこの時代の代表的学者であると同時に、卓越した書画家であった。

金正喜の実事求是的な金石学と書画学を志向した一派を「秋史学派」と呼ぶが、その特徴は、中人出身の芸術人たちがその多くを占めていたことにあり、最も盛んな活動を展開し、その水準もまた高かった。しかし一方で、その実学的学問と「文字香書巻気」の芸術哲学には共鳴し、推奨しながらも、その書風のみは秋史風を帯びていない一派が存在した。それを金洋東は、「秋史書派」に対して、「秋史学芸派」と指摘している〔金 一九八八〕。金洋東が指摘する「秋史学芸派」は、主に中人出身の訳官が多く含まれ、呉慶錫もここに位置していた。呉世昌はこうした学問の系譜に続き、呉慶錫から考証学を学び、また自らも訳官として活動していたことから、呉慶錫の蔵書を中心に「秋史学芸派」の学統に連なったといえる。実際に『槿域書画徴』の「呉慶錫」項において呉世昌は、「自身の怠惰さゆえ呉慶錫の作品の真髄を体得することができなかった」と述べている。また、そのことは、家脈を落とすことになったという意識を常に持つとしている(10)。

ここで改めて韓国国立中央図書館所蔵の葦滄文庫における中国、朝鮮、日本の膨大な書学・金石学関連文献を踏まえ、呉の学書経緯について見ていくこととする。

まず、葦滄文庫には、薛尚功編纂『歴代鐘鼎彝器款識』、阮元『積古斎鐘鼎彝器款識』他、翁方綱（一七三三—一八一八）・呉雲（一八一一—一八八三）・潘祖蔭・呉大澂（一八三五—一九〇二）・羅振玉（一八六六—一九四〇）等が編纂した金石学文献が多数収められている。十九世紀後半から二十世紀初頭にかけて、次々と発見された金石、甲骨文などの新出土資料により、文字学の研究はさらに前進することとなった。それに伴い、中国では前述した研究者によって『兩罍軒彝器図釈』、『攀古樓彝器款識』、『銅器拓片』、『薛氏鐘鼎彝器款識』、『三代古銅鑑』等、最新の研究成果によって編まれた金石文字資料として世に出ることとなった。これらの書籍が全て葦滄文庫に収められていることから、中国の金石学者同様、呉もいち早く手に取り、同時期の研究動向を把握していたことがわかる。呉はまた甲骨文字についての書物も数冊所蔵していた。甲骨文字は殷代のものであるが、その発見は一八九九年になってからであった。甲骨文字に関する最初の書物は劉鶚による『鉄雲蔵亀』（一九〇三年）であり、当時、甲骨文字研究はその緒についたばかりであった。しかし、葦滄文庫には、羅振玉による『殷虚書契考釈』（一九一四年）や林泰輔による『亀甲獣骨文字』（一九一七年）が収められていたことから、呉世昌がいち早く甲骨文字研究に関心を寄せ、それらを参考文献としていたことがわかる。また書の作品制作についてもこれらを参考にしたことについてはすでに指摘した通りである［金 二〇一一］。

その他、日本の書籍の収蔵も確認できたことから、朝鮮の書および書画研究のため、可能な限り多くの関連書籍を収集し、朝鮮の書に対する客観的な位置づけを図ったのではないかと考えられる。そこには繰り返しになるが、かつて清朝考証学の大家であった阮元や翁方綱から直接学んだ金正喜を師とした父・呉慶錫に続く清朝考証学の影響が呉世昌に及ぼされ体得することのできた書芸観によるものであったと指摘できる。そしてそれは朝鮮王朝時代後期から台頭してきた閭巷文人の系統であった。中国、朝鮮、日本の膨大な書関連文献・金石学関連文献に裏付けられた高い鑑識眼を持ち得た呉世昌は、こうした学書背景のもと、『槿域書画徴』を生み出したのであった。

以上のように呉慶錫が体得した書芸観は、その後、植民地期における呉世昌の書芸活動や作品制作を支える基盤となり、『槿域書画徴』誕生に大きな影響を及ぼす事となったのである。

2　蒐集と著録活動

続いて、呉世昌における書関連資料の蒐集と著録活動について考察していく。

『槿域書画徴』を著すまでに呉世昌は、熱心に取り組んできた書画蒐集によって『槿域書彙』、『槿域画彙』、『槿墨』、『槿域印数』という作品帖をまとめている。呉世昌の書画蒐集過程については次のように取材する記者もおり、呉の蒐集家としての名声は、すでに一九一〇年代に高かったとされる。

「近来、朝鮮では伝来する珍籍書画を廉価で販売し、少しも惜しむことを知らないことは残念である。このような時に、呉世昌氏のような古美術愛好家がいることは、大変喜ぶべきことである。氏は十数年来、朝鮮の古来有名な書画が流出され、朝鮮内に残存しないことを慨歎し、資力を惜しまずに東購西買し、現在までに蒐集した作品が一二七五点に上り、その中の一一二五点は書で、一五〇点は画であった。世宗・宣祖・粛宗・英祖・正宗《ママ》時代のものが多く、新羅・高麗代のものも集められており、名賢碩儒と古来画家の筆跡を網羅しているといっても過言ではないだろう。氏は今後、さらに百余点ほど求めれば、朝鮮の名書画は漏れることはないとし、苦心して蒐集している。ただ、書画を蒐集することのみに終わらず、その作者・別号・年代・履歴などを詳細に調査して参考となるようにし、その目録のみをしても容易に求められないほどの価値があるという。記者は氏にそれらを写真版として出版し、朝鮮の古美術同好者に供することをすすめ、氏もそうした計画があり、その機会を窺っているところであるとしたが、まずはその目録を整理、出版し書画同好者の参考資料となるようにするとした。[11]」

この記事から呉世昌が苦心して朝鮮の書画蒐集を行っている様子が窺える。その理由として何よりも、「朝鮮の古来有名な書画が流出し、朝鮮内に残存しないことを慨歎」したからであったといえよう。植民地化されることによって、書画を始め多くの文化財が朝鮮外に散逸していくことになった。呉世昌はそれらを個人の力で繋ぎとめようとしたといえる。またここで述べられている「その作者・別号・年代・履歴などを詳細に調査した目録」とは、『槿域書画徴』の前身である『槿域書画史』のことであった。呉世昌の『槿域書画徴』執筆は、書画蒐集と共に行われていったのである。

さらに次のように韓龍雲[12]も呉世昌の書画蒐集とそれに伴う研究の様子について五回に及ぶ新聞連載記事で、世昌宅内の壁にかけられている「周鼎の銘」の拓本や石刻の拓本を五幅に表具したものがあったと指摘しながら、閲覧した書画や呉世昌の書画研究について次のように語っている。

「朝鮮古書画を蒐集することは、実に一朝一夕のことではなく、家伝の事業であるが、それまでの間、様々な要因により紛失してしまったものが少なくはないにも関わらず、七年前から尽力し続けてきた。その辛労と誠意には誰も同情せずにはいられなかった。書画の原本を蒐集するにあたっても種々の方法を施した。たとえ高額であっても購買し、時に他人の寄贈を受けることもしていた。非常に熱心に書画を探し、探していない場所がないほどであった。また、作者の歴史記録を探して研究を行い、その年代を探り当て年代順に整理し、軸にまとめる日々を送っていた。それは精神的にも体力的にも、非常に大変な骨の折れることであった。(略)朝鮮の古人の手蹟をこのように蒐集するのは一体何故であるかということを、古物が何であるかを知らない朝鮮人の眼目においては異常に見えるだろう。私はその国の古物はその国民の精神的生命の糧であると聞く。私は葦滄の古書画を見た時、大雄弁の演説を聞くよりも大文豪の哀情小説を読むよりも大きな刺激を受けた。葦滄先生は朝鮮のただ一、二しかいない古書画家である。[13]」

呉世昌は次のように朝鮮歴代の書を集めた書帖である『槿域書彙』(全三七帖)と朝鮮歴代の画を集めた画帖である『槿域画彙』(天地人三帖)、全一一三六名の書を集めた書帖である『槿墨』(全三四帖)の他、自身の印影と近代の歴代作家八五六名の総三九一二顆を集めた朝鮮最大の印譜集である『槿域印数』に至るまで、書画蒐集による作品帖を作り上げた。

蒐集家だけではなく、当時、鑑識家、書画研究者として日本人からも一目置かれる存在であったということは、佐野市郷土博物館所蔵の須永文庫に鑑定作品三点が存在していることからもいえる。一点目は「黄石硯」佐野市

図 4 「古瓦瓶」佐野市郷土博物館蔵

図 3 「黄石硯」箱　佐野市郷土博物館蔵

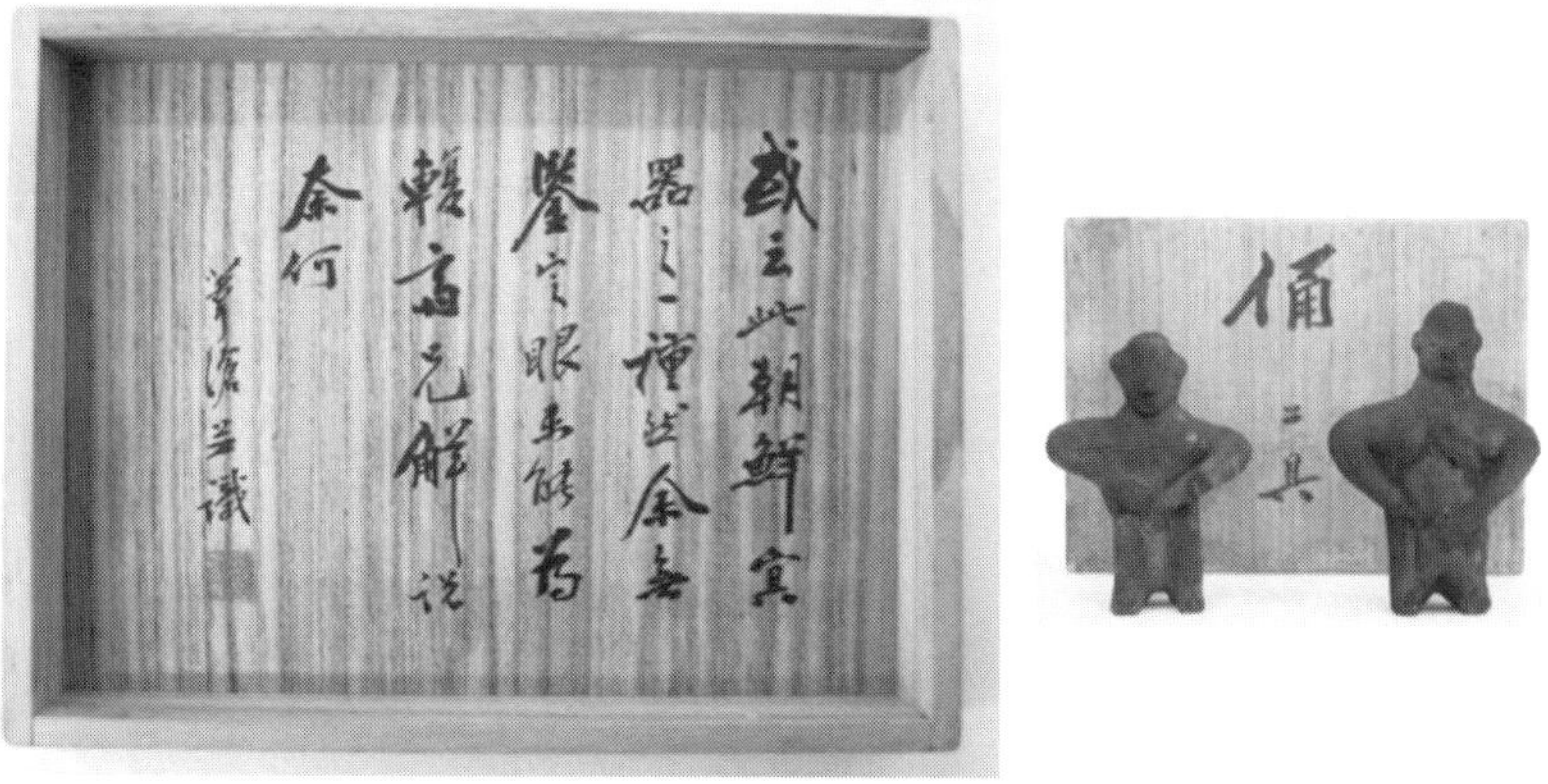

図 5 「俑」佐野市郷土博物館蔵

郷土博物館蔵（図3）で、須永元が漢学の師であった岡本黄石から形見分けとして得たものである。呉は須永が愛蔵していた硯の箱書きを行っていることから、須永から絶大な信頼を得ていたことがわかる。さらに「古瓦瓶」佐野市郷土博物館蔵（図4）や「俑」佐野市郷土博物館蔵（図5）についても画像の通り、呉による箱書きが確認できる。特に「俑」については、「この二点は朝鮮の資料であると思われますが、未だ鑑識眼が乏しい私には明確に示せません。輹齋先生はどのようにお考えでしょうか。[14]」という裏書があり、鑑識を行う上で謙遜し、須永への敬意を示しているが、彼が書画のみならず、硯や瓶、俑など、金石全般に広い見識を備えていた例証となる。

以上のように、蒐集家だけではなく、鑑識家としての名声が高かったことが明らかになったが、それではなぜ呉世昌はこれほど多くの朝鮮の書や書画を蒐集し続けたのだろうか。その点について『槿域書画徴』には、

「後来の者、我を友とし、我が古人を友とすることにかえれば、それは空しいことではない。[15]」

また、『槿域書彙』にも

「ああ、先人と私は同襟者である。すでにその遺墨を蒐集し、彼に関する事跡も述べ、文章に著した。ほとんど古人の風味を没することはしていない。[16]」と記されている。

これらのことから、呉の書画人物事典の執筆活動を支える根拠として、書画蒐集ならびに書画研究があったことがわかる。そしてその研究は家学である清朝考証学、とりわけ広汎な金石学の見識に支えられていた。書画蒐集や研究から先人と自身のつながりを記録することで植民地化による断絶を否定し、結果的に朝鮮文化の継続性を強調することとなった。呉はそうした一連の行為を行うことで、朝鮮書画の価値を示し、新たな「伝統」とし

て位置づけようとしたことが考えられるのである。

三　『槿域書画徴』制作の意図

続いて、『槿域書画徴』制作の意図について名称から考察していく。まず、「槿域」という名称であるが、これは中国から見た朝鮮を示す名称である。『槿域書画史』ならびに『槿域書画徴』が完成した時には、すでに朝鮮は日本の植民地となっていた。併合後であっても呉世昌はなぜ、この名称を用いたのだろうか。『槿域書画徴』の「凡例」を見ると、その目的として「我国の書画家の名声と行跡を記録する」[17]ことがあげられている。また、「我国の諸先輩は極めて多く、朝夕に会うようなものである。これを親属と言ってもよい」[18]と「引」に記している。呉世昌にとっての「我国」はあくまでも「朝鮮」であり、自国の伝統的な区域を表明するためにこの「槿域」という名称を用いたのではないかと考えられる。そこには、たとえ植民地化されても自国の地域的アイデンティティーを示そうとした呉の強い意識が感じられるのである。

次に「書画」という語について考察したい。植民地化された朝鮮では、日本を通した「美術」が導入されることとなる。その代表的な場は斉藤実総督時代に行われることとなった文化政治において開催されることとなった朝鮮美術展覧会（以下　朝鮮美展）であった。書部門が朝鮮においては加えられた理由として、当時の書画界を担う主要人物が「美術」ではなく、「書画」を体得し、重きを置いていたということがいえる。五十嵐公一は「書画協会」「書画研究会」等の組織に属する書画家や、朝鮮総督府中枢院顧問などの要職を歴任し書部の審査員にも名を連ねた李完用が、「書画」という伝統的な枠組みの中にいたため、そこから外れ、「絵画」のみを尊重し「書」を省みないという日本が示した新たな枠組みに抵抗を示したからであると指摘する［五十嵐　二〇〇五］。ここから朝鮮美展が開設される一九二二年には、日本を通した新たな概念である「美術」とそれまで培われてきた「書画」

概念の比重が後者により置かれていたことがわかる。

呉世昌の書画観が審査報奨制をとる朝鮮美展ではなく、作品の優劣をつけない書画会を選択させたことは拙稿においてすでに指摘したが[19]、西欧から日本を介して導入された「美術」と「書」あるいは「書画」は異なるものであるという認識を持つだけではなく、それが日本経由であったことについても、異を唱えようとしたのではなかったか。日本が先導する「美術」の語を受容せず、あくまで伝統的な「書画」を標榜したことが、この名称にも表れていると考えられるのである。

最後に「徴」という語であるが、呉は、一九一七年に『槿域書画史』としたものを、一九二八年に『槿域書画徴』というように「史」ではなく「徴」という語に代えている。その点について、『槿域書画徴』の「凡例」には「槿域書画徴と題す。徴とは、あえて私の思いのままに編集することはしない意味である[20]」と、自身の書画観を加えない朝鮮の歴代書画人辞典執筆を意図している。加えて同じく「凡例」に「本書の編集は蒐集を主眼におき、優劣の品評を主眼としない。ゆえに芸術的に優れていなくとも、その名が文献に認められれば、全て収録した[21]」、「引に「概ね引用すべき記述に基づくことにし、優劣の品評については、しばらく不問に付すことにした[22]」とあり、史伝の網羅的収集を重視し、それぞれに優劣をつけることではないとした制作意図が明白に示されている。そしてそこには必ず典拠となる文献を示し、考証学に裏付けられた実証を行おうとしたことがわかる。

以上の点から呉世昌が『槿域書画徴』という名称に込めた意図が、「我国」である先代から守り引き継がれてきた「槿域」の先達たちによる書や画を、考証学に基づいた実証研究により「美術」とは異なる伝統的な文化として位置づけ、守護しようとしたことが明らかとなった。

四 『槿域書画徴』の位置とその意義

1 朝鮮・中国における歴代書画家伝集成の試み

それでは『槿域書画徴』は、歴代朝鮮の書画人物研究、あるいは同時代の中・日における研究成果との比較において、どのように位置づけられるだろうか。

朝鮮における『槿域書画徴』以前の書画人物辞典に類するものとしては、朝鮮後期の閭巷文人・趙熙龍の試みがあったことが、すでに洪善杓によって指摘されている［洪 二〇〇四］。趙熙龍は自身の著作『石友忘年録』に次のように記している。

「清代の張庚による『画徴録』に倣い、朝鮮画家の貫籍や行跡を収集した本一書を著述しようと試みたが、資料の乏しさから徴験が難しく成し遂げられなかった。[23]」

この記述の通り、趙熙龍もまた、呉世昌が目指したように朝鮮書画家の行跡等を記録し、人物辞典として後世に残していこうとしたことがわかる。しかし、本人が記している通り、当時の資料不足等により、完成には至らなかった。新資料の発見や研究についても、前述した通り、呉世昌の時代になり、急速に進むこととなったため、成し遂げられたと考えられる。

それでは中国における歴代書画家伝集成はいかなるものだったのだろうか。清朝では一七〇八年に『佩文斎書画譜』が出されており、典拠文献はいたって網羅的であった。その後、精緻な伝記集成は書と画に分かれ、画は魯駿『宋元以来画人姓氏録』（一八二三年）、書に至っては、遅れて馬宗霍『書林藻鑑』（一九三五年）を待たなければばならなかった。『書林藻鑑』は一九三五年に発行されているので、『槿域書画徴』よりも遅れての登場である。ここから『槿域書画徴』は、書画家を一体化させた精緻な伝記集成としては近代中国よりも早い時期の完成であったことが指摘できる。呉世昌の書芸観は、清朝考証学の影響を受けた閭巷文人の系統に位置付けられることは前述した通りだが、その点においても書画の中心や価値観が「帝国日本」ではなく中国であることを意識することで、結果的に中国よりも先駆的な功績として顕彰することとなったと考えられるのである。

2　日本人による朝鮮書画集成の試み

それでは、日本人による朝鮮書画集成は、いかなる試みがなされたのだろうか。まず、日本における朝鮮書芸観について考察する上で、その試みについて明らかにしていきたい。

日本は、日清戦争、日露戦争を経て、台湾・朝鮮をはじめとした植民地・租借地を持つ植民地帝国と化していくことになった。日本における東洋美術史について佐藤道信は、明治期の国家主義から昭和戦前のファシズム期にいたるまで、日本美術史同様、強いイデオロギー性を帯びて構築されてきたと指摘し、ここで歴史を見通す理念的支柱となったのは、両者ともに皇国史観だったとしている[24]。また、同時期の南画論における美術史観についで千葉慶は、中村不折が一九一三年の『支那絵画史』において「東洋の絵画は、支那大陸を以て其所生の母とす」としつつ、「現代の支那は、其国運の傾けると共に墨林芸園に於ても、亦頗る寂寞を極め[25]」ていると主張していることや、瀧精一の「清朝の文人画は明末程に善いものがない代りに、日本に於ては江戸時代の中期以降それが立派に発達を遂げた。現在に於ては支那は文人画のみならず、他の画も甚だしく衰微している[26]」といった言説を指し、西洋に対する東洋の優位の主張だけでなく、日本を中国に対して優位に位置づけ、「東洋の代表」とする主張を含む東洋主義史観であった点を指摘する[27]。

果たして、日本における朝鮮書芸観はいかなるものであったのだろうか。

当時、朝鮮総督府官僚で、書にも精通していた工藤文哉は朝鮮書芸研究について、次のように述べている。

「此くの如く朝鮮書道の将来を考えて見れば、在来の書道は、一先づ過去のものとして考究の対象たるに止め置き、新に書道研究の法を策めて進むべきではあるまいかと考える。編著の試論としては、将来の書道史は、遠からず之を日本書道中に入れて、論及せらるべきもので、其の研究自体も亦全日本書道の一部を為し、之が進路としても、日本書道の一部を担当して進まるべきものではあるまいかと思ふ。[28]」

ここで述べられるような「朝鮮書道」は、「一先ず過去のものとして考究の対象たるに止め置き」、将来的には日本書道の一部を担当するものと捉えようとする認識については、斉藤実総督による「文化政治」下の植民地官僚であった工藤の当然の認識だと考えられる。前述した当時の東洋美術史研究や南画論同様、工藤における朝鮮書芸認識についても、植民地支配同様、「日本書道」に包摂されることが自明であり、引き続き発展、展開をとげる「朝鮮書芸」認識ではない。

それでは一般の日本人書家による認識はいかなるものであっただろうか。またいかなる朝鮮書画集成の試みがなされたのだろうか。

当代を代表する日本人書家であった比田井天来は、一九三一年に金生を始めとする歴代朝鮮人（六十名）の書跡集として『朝鮮書道菁華』（書学院後援会）を出版している。比田井天来は、流派の型を伝承する学書法がとられていた時代に、古典に直接取り組むという学書法において現代書壇でその後活躍する多くの門下を輩出し、その功績が高く評価されてきた。[29]

『朝鮮書道菁華』は、斉藤実朝鮮総督をはじめ、朝鮮人書芸家・金敦熙の協力により、総督府や李王家の両博物館、また個人収蔵の古文書を閲覧、選出し、制作した書跡集として全五巻を数え、書帖に包まれた重厚な装丁で発行されている。
比田井が初めて朝鮮に赴いたのは、一九二三年以前であると考えられる。当時の日本人書家の朝鮮書芸に対する評価は、「一種の習気を帯びているために、観るに値しないもの[30]」とされていた。

この「習気」について、比田井天来は、「さて、気分を表すには習気というものを去らねばならぬ。習気とは習慣性、すなわち筆癖である。」とした上で、「拙書が固まりて一種の習気をなし、拙書にしてかつ俗書を兼ねたもの」は悪書であるとし、「書道としてはいやすべからざる痼疾というべきもの」であると述べている[31]。つまり、「習気」を帯びた書であるということは、書の作品として、最も評価に値しないということであった。

さらに比田井は、悪書から脱するためには、「自己流の字を書くことを止め、古碑帖をもって自己の癖を去り、いったん子供の境地にいたり、さらに出直さなければならぬ。」としており、「手本によらないで自己流の字のみたくさん書く人は、多くはこの魔道に落つるものである[32]。」と、古碑帖を手本として習字する必要性を説いている。言うまでもなく、この古碑帖による学書法とは、楊守敬によって中国からもたらされた碑版法帖を中心とする碑学派の影響を受けたものであり、当時の日本の書家たちが作品制作の際に、積極的に取り入れた学書法であった。

比田井の認識は朝鮮に赴く前は他の日本人書家同様、「峻気に乏しく、観るほどのものでもない[33]」というものであったが、比田井は朝鮮の書を見る中でそれまでの認識を変容させる。その様子を伺わせる比田井の次の叙述がある。

「……古帖の山が渦となしており、開いてみると、その大方は李朝の高官の尺牘や碩学達士の遺墨であった。俗書が多いとしても、その中には優品もあった。これは、日本の三蹟と比べても遜色がないものであった[34]。」

このことは、朝鮮の書がそもそも古来より中国の影響を受け、朝鮮王朝時代においては清朝考証学の影響が強かった点を踏まえると当然の評価であるだろう。比田井天来が重要だと説いた碑版法帖による学書法は元来、中国よりもたらされたものだからである。さらに、碑版法帖による学書の不足を理由に「一種の習気を帯びているために観るに値しないもの」との判断についても、朝鮮人書家の学書のあり方からその判断には矛盾が生じる。以上の点から当時の日本人による朝鮮人の書への見方には、具体的な根拠を欠いた「停滞史観」によって捉えられ、それによって書の価値が判断されていたのではないかと考えられるのである。

比田井は、多くの日本人書家と異なり、朝鮮に直接赴き、朝鮮の書を実見することにより、その認識を新たにしたのであった。そして、こうした朝鮮の書に対する評価と、「今、同国となる。つまり朝鮮の先哲は日本の先哲である(35)」というように、朝鮮の先賢は日本の先賢であるとの認識、そしてそれらは日本でも重要視されなければならないという「使命感(36)」によって、比田井は『朝鮮書道菁華』の作成に着手することになる。これを作成するにあたり比田井は、斉藤実総督の助成を受ける(37)。それによりさらに数日間、滞在を延ばし、総督府や李王家の両博物館、また諸家収蔵の古文書を閲覧し、その中で良いと思われる作品を選んで、撮影することとなった(38)。その後、関東大震災によってしばらく作業が中断されるが、三年後、再びその間を取り戻すべく熱心に朝鮮書跡の収集に取り組み、非常に多くの墨跡を得ることができたという(39)。再び一九二六年に「京城」に赴いた時、金敦熙(惺堂)と知り合いになる(40)。

金敦熙は、書画協会の会長や朝鮮美術展覧会の書部の審査員を歴任した人物であり、比田井は彼を斉藤実総督に紹介してもらったと述べている(41)。実際に作業にとりかかるにあたり、朝鮮の書について元来詳しくない比田井は、次のように金敦熙の助言を求めることになる。

「朝鮮人の尺牘は漢文と同じであるとしても、物名や故事、慣例等、その意味が異なるものがある。そこで、惺堂金氏に頼み、訳文及び辞解の一編をつくり、それを巻末につけたいと思った。すぐに手紙を書いて、このことを金氏に頼んだところ、承諾してもらえた。[42]」

比田井は、こうして一ヶ月あまり、金敦熙とともに比田井の書道講習所である書学院でこの作業に取り組み、『朝鮮書道菁華』は一ヶ月ほどで完成した。[43]

この本の完成にあたり、比田井は次のように述べる。

「内地の書家は、皆な朝鮮の書に一種の習気があり、物足りない観があると言っている。私もその観を久しく抱いていたが、丙寅の歳に朝鮮に渡り、私の蒙昧は啓けた。この著を公刊し、内地の書を嗜む者が歎じて長所を取り短所を補い、大成するために、この著が触媒となることを願う。内地の朝鮮人と旧友のように会うことが、私と惺堂のようであれば、渾然と融和することが期待できる。果たして皐水子爵は、私と惺堂の一月余りの仕事に助成してくださり、我が国是に資して我が文化に益をもたらしたのである。[44]」

以上のように、比田井は、あくまでも「善意」で朝鮮に赴き、日本国内で「峻気に乏しく、見るほどのものではない」という評価をされていた朝鮮の書を再評価しようと試みた。そしてそれは、将来の日本の文化の発展のためにも有効であるとした。比田井はここで、「内地の人士もまた（朝鮮人と）、お互いに出会い、皆、私と惺堂のようにすれば、古くからの友人のようになれる」というように、書を通して内地人（日本人）と朝鮮人との友好関係をもつことができると主張する。こうした一連の主張や行動を伴う朝鮮書芸認識は、前述した工藤とは異なるものであった。

しかしながら、比田井天来は、日本は古代において日本は中国を模倣し、近来においては欧米文化の良い部分を体得することで現在の優れた日本国家、日本文化を築きあげたが、一方、後世に至ってからは、日本と朝鮮は同じようにその弊害を被り、（朝鮮は）その行く末の正否を察さずにただ国の広さについて気にし、当時の趨勢の中で自らを低く位置づけたとしている。[45] 比田井もまた多くの日本人が当時持っていた朝鮮認識からは自由ではなかったことがうかがえる。比田井の『朝鮮書道菁華』出版については、日本が朝鮮の書を包含し、さらに発展させるべきとする日本中心の将来構想であり、呉世昌による『槿域書画徴』制作から見られる過去の朝鮮書芸の保存や継承に対する目的とは異なるものであったのではないだろうか。

五　おわりに

本稿では呉世昌の『槿域書画徴』制作の意図とその意義について考察を行った。その結果、次の点が明らかとなった。

まず、『槿域書画徴』制作の意図は、「我が国の書画家の名と行跡を記録する」ことにあり、比田井天来を始めとする日本に包摂するための朝鮮書芸研究ではなかった。植民地期以前の先達との継続性を明らかにし、日本に包摂され得ない朝鮮書芸の姿を新たに提示しようとしたのである。

次に、これら一連の業績や行為は、文化による植民地支配へ抗する行為として特筆すべきものであり、当時の文化研究の風潮をふまえた上でも、「植民地下での文化研究」を朝鮮人の主導によってそのアイデンティティを自認すべく成し遂げた『槿域書画徴』制作の意義は極めて大きいことが指摘できた。それと同時に背景に存在する家学継承から呉世昌が集成化の拠点としての役割を果たし、結果として中国、日本の類似文献よりも先駆けて成稿したことは近代東アジア美術史、書芸史の視点から見ても傑出した成果であることが明らかとなった。

書は植民地期以前から続く朝鮮、中国、日本に共通する文化芸術である。近代以降、書芸関連人士の繋がりがより密接となる中で、朝鮮の書と学問においては清朝考証学から多大な影響を受け、たとえ日本の植民地支配下におかれても、植民地期以前から続く学問背景を根拠とした「伝統」を引き継ごうとした。今後は、本稿で垣間見た同時代の朝鮮、中国、日本における書芸関連人士の関係性について考察することで、地域を越えた書の近代化における実態を明らかにしていきたい。

注

(1)「述而第之。成五編。第一曰羅代。第二曰麗。第三第四第五曰鮮代。」呉世昌『槿域書画徴』「凡例」。

(2)「年運人逝。其後数年間。書池画架。復得古人。乃為増録。以附其後。」呉世昌『槿域書画徴』「凡例」。

(3)「始則就古近諸名人箸述。遴取其間見者。片鱗久聚。蜿蜒漸現。又於山刻塚埋。残絹断綃。与夫屛障池帖聯之迹。験其印記。審其題著。人文時別。以見其芸。惜其散佚。」呉世昌『槿域書画徴』「凡例」。

(4)当時、外国人教師は英語科・仏語科・独語科・露語科・西班牙語科・清語科・韓語科合わせて六人おり、呉世昌はその内の一人であった。(『東京外国語大学史―独立百周年記念―』東京外国語大学、一九九九年、九四頁)また、ソウル大学校奎章閣所蔵の『駐日来去案』において、呉世昌は一八九八年九月十二日付けで「家患」のために帰国するという報告があり、九八年度は実際に教えていないと思われるという指摘がある(前掲書九七七頁)。

(5)金正喜の影響を受け、金石学に造詣が深かった李尚廸(一八〇三―一八六五)から「鑑識妙入神」(『藕船精画録』巻二)というように高い評価を受けている。

(6)「余髫年即嗜書画。顧生長斯土、無従寓目、毎閲中原鑑賞家著録。不覚神往。自癸丑甲寅。始遊燕。獲交東南博雅之士。見聞益広。稍稍購得元明以来書画百十品。三代秦漢金石晋唐碑版。亦不下数百種。雖未得唐宋人真蹟為憾。」呉世昌『槿域書画徴』(啓明倶楽部、一九二八年)「呉慶錫」項中、呉慶錫によって書かれた『天竹齋剳録』の再録。

(7)「先君。行楷学顔魯公。隷学礼器碑。家居常夜深臨帖。」呉世昌『槿域書画徴』(啓明倶楽部、一九二八年)「呉慶錫」項「父は、行書・楷書は顔真卿を学び、隷書は礼器碑を学んだ。家にいる時は、いつも夜遅くまで、熱心に臨書をしていた。」

(8)「魯相韓勅造孔廟礼器碑。字兼分隷。縦横変化。無妙不臻。不可端倪。漢刻中神品也。」呉慶錫『天竹齋剳録』。

(9)「余篤好此碑。因得悟古人用筆之法。惜未見永寿三年韓勅後碑。又未知如何神奇耳。」呉慶錫『天竹齋剳録』。

(10)「不肖侍側。毎指誨筆法。時在童騃。未克諦省。墜緒余感。靡有窮己。」呉世昌『槿域書画徴』啓明倶楽部、一九二八年「呉慶錫」項。

（11）「瞥見書畫叢」『毎日申報』一九一〇年代中頃に、『毎日申報』の記者が呉世昌宅を訪問して書かれた記事であると、李龜烈は『韓国文化財秘話』（韓国美術出版社、一九七三年、三九頁）の中で述べている。
（12）韓龍雲（一八七九―一九四四）は独立運動家、詩人、僧侶。十八才の時に義兵運動に参加し、一九〇五年に仏門に入る。一九一九年の独立運動では、呉世昌と同様、民族代表三十三人中の一人として独立宣言書に署名した。
（13）萬海　韓龍雲「古書画의　三日（一）―（五）」［古書画の三日］『毎日申報』一九一六年十二月七日―十二月十五日
（14）「或云此朝鮮冥器之一種然余無鑑定眼未能為輹齋兄解説奈何　葦滄正識」
（15）「後来者、友我易我友古人、不其空蒼者。」
（16）「噫、前人与予同襟者、已取其遺、叙其事、且為文矣。其首、殆不令古人没風味。」
（17）「為譜録我邦書画家名迹起見」呉世昌『槿域書画徴』「凡例」
（18）「我邦諸先輩、磊落相望若将朝暮遇焉。雖謂之眷属可也於是。」呉世昌『槿域書画徴』「引」
（19）拙稿「朝鮮美術展覧会における書部門廃止と書認識の変容」『書学書道史研究』第二六号、書学書道史学会、二〇一五年
（20）「命曰槿域書画徴。徴者。謂有所引而不敢任胸府也。」呉世昌『槿域書画徴』「凡例」
（21）「茲書之編。主裒集而不主品第。故芸雖未精以是名、而有見於記籍者、皆列焉。」呉世昌『槿域書画徴』「凡例」
（22）「概従可徴、而品第高下。姑舍是。」呉世昌『槿域書画徴』「引」
（23）趙熙龍『石友忘年録』「自羅麗至于本朝、画家可記者。何限…彙集之、当不下數十百人、但以画名伝。而其人之郷貫行蹟無処可徴。竊欲倣張庚画徴録、著成一書而未畢者、以此故耳、可嘆。」（洪善杓「『自娯』と『写意』の世界―朝鮮末期における閭巷文人の絵画活動と創作傾向―」『美術研究』第三八〇号、東京文化財研究所、二〇〇四年三月、一八六頁）
（24）佐藤道信『明治国家と近代美術―美の政治学―』吉川弘文館、一九九九年、一四八頁
（25）中村不折・小鹿青雲『支那絵画史』玄黄社、一九一三年、二一三頁
（26）瀧精一『文人画概論』改造社、一九二二年、六一頁
（27）千葉慶「日本美術思想の帝国主義化―一九一〇～二〇年代の南画再評価をめぐる一考察―」『美学』第五四巻一号（二一三号）、二〇〇三年六月、六三頁
（28）工藤文哉『書道全集』第二十四巻、平凡社、一九三〇年所収「朝鮮書道史」一一三頁
（29）石田栖湖「比田井天来」『近代日本の書―現代書の源流をたずねて―』『墨』十月臨時増刊、一九八一年十月、一〇六頁
（30）比田井天来『朝鮮書道菁華』書学院後援会、一九三一年、後序部分
（31）比田井天来「書の巧拙」『書勢』、大正八年

(32) 比田井天来「書の巧拙」『書勢』、大正八年

(33) 「道人嘗謂、朝鮮之書乏於峻気不足観也。」比田井天来『朝鮮書道菁華』書学院後援会、一九三一年

(34) 「有古帖積成堆矣披而観之概李朝大官之尺牘及碩学達士之遺墨也。雖多俗書、然亦有絶佳者、此之吾朝三蹟無甚遜色。」比田井天来『朝鮮書道菁華』書学院後援会、一九三一年

(35) 「而今為同邦、然則朝鮮之先哲、即我之先哲」比田井天来『朝鮮書道菁華』書学院後援会、一九三一年

(36) 「先哲法書其可忽哉。雖拙猶可貴、況此墨寶乎。」比田井天来『朝鮮書道菁華』書学院後援会、一九三一年

(37) 「謁皐水子爵告以此事、子爵曰子如有意於印行、其有所助成」比田井天来『朝鮮書道菁華』書学院後援会、一九三一年

(38) 「於是復留数日、更閲覧総督府及李王家両博物館並諸家収蔵古文書、選其稍佳者而撮影之」比田井天来『朝鮮書道菁華』書学院後援会、一九三一年

(39) 「是年八月道人為夏季講習而西下、途次遽赴山口訪寺内文庫、獲影本数枚而帰。後見林伯及和田一郎氏所蔵書幅数幀、又借而写影焉。於是鮮古賢之筆跡、集於吾書学院者甚多。」比田井天来『朝鮮書道菁華』書学院後援会、一九三一年

(40) 「丙寅之秋遊於京城留月余、与惺堂金氏訂交、相見猶旧。」比田井天来『朝鮮書道菁華』書学院後援会、一九三一年

(41) 「此度又総督の御厚意で金敦熙と申す朝鮮第一の書の先生を手伝によこして下さることになって居ります」『書道春秋』に記載『近代書道開拓者 比田井天来・小琴』長野市佐久教育会・一九六八年、二三七頁に再録

(42) 「鮮人尺牘雖同之漢文、然物名及故事慣例、自有異其義者。乃乞惺堂金氏欲作釈文及辞解一編以附巻末、便以書囑之金氏諾焉不遠千里而来、館於吾書学院。」比田井天来『朝鮮書道菁華』書学院後援会、一九三一年

(43) 「拮据當事月余而成」比田井天来『朝鮮書道菁華』書学院後援会、一九三一年

(44) 「内地臨池家皆曰、朝鮮之書有一種習気不足観也。道人亦為如是之観久而丙寅之遊、吾蒙頓啓矣。想此書一出、則内地之嗜書者、必将有観而発歎取長補短而自成其大者、此書以為媒。能使内鮮人士相見猶旧皆蓋如吾惺堂与道人。則其渾然一和固期而可待耳。果然皐水子爵助成之賜與吾惺堂金氏拮据月余之功、資於我国是而有益於吾文化者。」比田井天来『朝鮮書道菁華』「後序」書学院後援会、一九三一年

(45) 「往古支那文化之入我者、経由朝鮮而来。及与隋唐交通、文物治具概倣其制。然後帝国文化燦然可観、蓋有根而後培之也。明治以還王政復古。乃取欧米文化之長、以加之於我文化之上、於是乎。蔪然興起能以東海一島嶼与世界列強相対峙而不譲、何以能然日有道焉。取長而補短而已、是我之国是而亦所以成我之大者也。而我与朝鮮亦同受其余弊、蓋不察道之正邪、徒見国之広狭、慕其時流而自小也。」比田井天来『朝鮮書道菁華』書学院後援会、一九三一年

※本稿における漢文ならびに朝鮮語文の和訳は著者による。
※図版出典（図1）、（図2）『葦滄呉世昌展図録』（芸術의 殿堂、一九九六年）、（図3）～（図5）佐野市郷土博物館所蔵画像

参考文献

〈日本語文献〉

安輝濬著、藤本幸夫・吉田宏志訳
一九八七『韓国絵画史』吉川弘文館。
五十嵐公一
二〇〇三「朝鮮美術展創設と書画」『美術史論叢』一九号。
任昌淳
一九八一『韓国の書芸』近藤出版社。
金貴粉
二〇一一「呉世昌における中国書法の受容と展開」『書学書道史研究』第二一号。
二〇一六「朝鮮美術展覧会における書部門廃止と書認識の変容」『書学書道史研究』第二六号。
金貴粉・佐々木佑記
二〇一七「佐野市郷土博物館蔵「須永文庫」における書画作品―コレクション形成過程とその特徴―」『大学書道研究』第一〇号。
工藤壮平
一九一八『心無罣礙楼鶏林書存』私家版。
佐藤道信
一九九九『明治国家と近代美術―美の政治学―』吉川弘文館。
藤塚鄰
一九四二「阮雲台と李朝の金阮堂」『書苑』六―二。
白陽天・豊島嘉穂・太田剛
一九九二「朝鮮書道史Ⅳ ―朝鮮近代書道の流れ―」『福岡教育大学紀要』第四一号。

洪善杓
二〇〇四「『自娯』と『写意』の世界—朝鮮末期における閭巷文人の絵画活動と創作傾向—」『美術研究』第三八〇号。

〈朝鮮語文献〉

金基昇
一九六六『韓国書芸史』大成文化社。
一九七五『新稿韓国書芸史』正音社。

金洋東
一九八八「한국 근대서예의 전개와 양상」『韓国書藝一百年』芸術의 殿堂。
二〇〇二『槿域書彙 槿域画彙 名品選展図録』서울大学校博物館。

李完雨
二〇〇一「위창 오세창의 서예」『오세창의 전각 서화감식 콜렉션 세계』芸術의 殿堂。
二〇一六「우리나라 근대 서예와 사군자」、『근대서예와 사군자』수원박물관。

李龜烈
一九七三『韓国文化財秘話』韓国美術出版社。
一九七三『韓国近代美術散考』乙酉文化社。
一九八三「韓国書画史研究의 선구자—葦滄呉世昌—」『季刊美術』中央日報社。

李昇妍
二〇〇〇『葦滄呉世昌』梨花文化社。
二〇一二「근・현대의서예동향」、『한국서예문화의역사』국사편찬위원회。
二〇一三「葦滄呉世昌의 金石學과『書之鯖』」、『한국사상과문화』七〇。

任昌淳
一九八一『韓国現代書芸史』通川文化社。
一九八一『書芸』(韓国의 美6)中央日報。

洪善杓
一九八一『韓国書芸—朝鮮時代書蹟—』国立中央博物館。

一九九五 「一九世紀閭巷文人達의 絵画活動과 創作性向」『美術史論壇』第一号。
一九九八 「呉世昌과『槿域書畫徴』」『美術史論壇』第七号。
二〇〇一 「韓国美術史学의 礎石：呉世昌의『槿域書画徴』」『오세창의 전각 서화감식 콜렉션 세계』芸術의 殿堂。

［謝辞］本報告にあたり、佐野市郷土博物館より画像提供いただきました。この場を借りてお礼申し上げます。また本研究はJSPS科研費17H02291「近代東アジアにおける「書壇」形成の地域比較研究」ならびにJSPS科研費16K02350「植民地期朝鮮の職業書芸家における「書」認識に関する研究」の助成を受けたものである。

【研究ノート】

朝鮮初期の財政制度と鄭道伝

六反田　豊

一　緒言

周知のように、鄭道伝（一三四二～九八）は高麗末期に擡頭した新興儒臣勢力のなかでも急進派に属し、李成桂（太祖）の即位（一三九二）に際して主導的な役割を果たした。さらに朝鮮建国後は開国功臣一等として軍事・国事の権限を掌握し、政権の頂点に立って新王朝の国家建設を推進した。しかし太祖七年（一三九八）八月、太祖の五男である李芳遠（のちの太宗）一派により陰謀の嫌疑をかけられ、殺害された（第一次王子の乱）。

鄭道伝が新王朝の政権中枢で活動していた時期はわずか六年ほどに過ぎない。しかしその間、太祖三年（一三九四）には新王朝の国家理念と統治組織論を『朝鮮経国典』にまとめ、またその翌年である同四年（一三九五）には宰相論として『経済文鑑』、同六年（一三九七）には君主論として『経済文鑑別集』を著すなど、旺盛な著述活動を通じて新王朝の統治構想について提言をおこなった点は特筆される。

本稿の課題は、このような鄭道伝が国内経済の諸側面においていかなる構想をもち、それを朝鮮建国後いかに実現したのかを論じることである。しかしながら国内経済全体を対象として詳細な分析をおこなうことは、そもそも筆者の能力をはるかに超えており、しかも限られた紙幅において十分に意を尽くせるような問題でもない。そこで以下では、朝鮮時代の経済体制は全体的にみてどのようなものであり、そこにはどのような特徴がみられるのかを検討し、それと鄭道伝の経済観・経済認識とがどのように関連するのかについて考察する。さらにそれを踏まえて、対象を財政制度に絞り、朝鮮初期におけるその具体的内容を概観し、あわせて収取体系と財政運営に関する鄭道伝の構想についても若干の考察を試みることとしたい。

二　朝鮮時代の経済体制と鄭道伝の経済観

1　経済統合形態からみた前近代社会の経済体制

李憲昶によれば、近代以降の経済は基本的に市場によって統合されているのに対し、前近代においては市場が経済を統合する機軸とはなりえず、それに代わって互恵と再分配が中心的機能を果たした〔이　二〇〇三：二三三〕。市場・互恵[1]・再分配[2]の語は、もともとハンガリー出身の社会科学者であるカール・ポランニー[3]（Polanyi, Karl）が用いたものである。ポランニーは経済を①人間と自然との相互作用の過程と②相互作用の制度化という二つの次元から把握するが、上記の市場（もしくはそこでおこなわれる交換）・互恵・再分配はこのうち②の次元における分析概念であり、経済過程に安定性と統一性を与える「統合パターン」として定義される〔若森　二〇一五：二〇七〕。

このうち市場（market）とは、「各自に生じる利得を目ざして行なわれる、人びとのあいだでの財の相互的移動」〔ポランニー（玉野井・栗本訳）一九八〇：九九〕としての交換（exchange）が、経済を統合する効果を有するための前提となるもの（＝価格決定市場）である。これに対し、互恵（reciprocity）は「対称的な集団間の相対する点のあいだの移動」〔ポランニー（玉野井・平野訳）一九七五：二六九〕であり、それを支える対称的組織（対称的な親族集団システム）の存在を前提とする。一方、再分配（redistribution）は「中央に向かい、またそこから出る専有の移動」〔ポランニー（玉野井・平野訳）一九七五：二六九〕と定義されるが、それを支える構造として中央点（宮殿や神殿のような分配の中心）が社会のなかに存在することを前提とする〔若森　二〇一五：二〇七〕。栗本慎一郎は、互恵を「血縁および友人間の共同体における義務としての贈与関係」、再分配を「政治的または宗教的な中心にある権力に対する財やサービスの義務的支払い（税や貢租など）と、逆にその中心点からの払い戻しの連鎖」と言い換えているが〔栗本　一九七九：六五〕、あるいはこちらのほうが理解しやすいかもしれない。

それはともかく、ポランニーは、市場交換が支配的な社会＝市場社会としての近代社会は人類史上ごく限られた存在に過ぎず〔栗本編　一九九五：四六―四七〕、それ以外に、互恵が中心となる社会と再分配が中心となる社会とがあったとして、前者を原始社会（primitive society）、後者を古代的社会（archaic society）とよんだ〔栗本編　一九九五：五〇―五一〕。もっとも原始・古代とはいっても、それは単純な発展段階を示すものではない。しかもこうしたいわゆる非市場社会においても市場がまったく存在しなかったわけではないし（ただし非市場社会の市場は一般に価格形成力が欠如している）、再分配が中心となる社会に互恵的な制度が併存する場合もありえた。つまり市場（交換）・互恵・再分配の三者は相互補完的であり、非市場社会においては、互恵と再分配の共存はむしろ一般的だった〔栗本編　一九九五：五〇―五一・六〇―六一〕〔若森　二〇一五：二〇八〕。

李憲昶は、以上のようなポランニーの所説を援用し、市場・互恵・再分配という三つの経済統合形態の観点から、市場社会が出現する以前の前近代社会（＝非市場社会）における経済体制の特質をおおむね次のように説明する。

すなわち、前近代社会は飢饉と敵対的外部勢力の脅威につねに悩まされており、それゆえそうした脅威を最小化して生存と安全を確保することが最優先課題とされた。その結果、親族・共同体においては互恵、国家においては再分配が発展した一方、私利の自由な追求を実現する場としての市場は限られた領域をなすに過ぎなかった。私利の自由な追求は闘争心を助長し、支配的配分機構である互恵と再分配を阻害して混乱をもたらす余地が大きかったからである。こうして私利の追求は道徳的な正当性を得られずに抑制され、ひいては生存と安全を脅かすものとして禁止された。つまり道徳的正当性を獲得することが経済にも求められたのであり、これがいわゆる道徳経済（moral economy）である。道徳経済においては、市場は副次的配分機構であるのみならず互恵・再分配秩序に従属する存在だった［이 二〇〇三：二三三］。東アジアの前近代社会の場合、こうした非市場社会の道徳経済を支える論理的支柱となったのが儒教の倫理・道徳だったことはいうまでもない。

2　朝鮮時代の経済体制

過去、朝鮮半島に興亡した歴代諸王朝においてもこのような互恵と再分配が経済統合の中核をなす非市場社会が形成されており、そこでは道徳経済に立脚した経済体制が構築されていたとみてよい。その際留意したいのは、このような道徳経済的な経済体制では、私利の追求が抑制ないし禁止されるということからも明らかなように、国家権力による経済への管理・統制がきわめて強いということである。朝鮮史上において最も高度な中央集権的支配体制を実現した朝鮮王朝では、そうした傾向がより顕著だった。

須川英徳の所論に依拠しながら、いくつかの事例をあげておこう。まず土地制度である。農業生産が財・富の基本的源泉だった前近代社会において経済の根幹をなしたのは、生産手段としての土地だった。朝鮮建国当初施行されていた土地制度（厳密にいえば私田分給制度）としては、科田法をあげることができる。高麗末期の田制改革の結果として高麗滅亡直前の恭譲王三年（一三九一）に制定されたこの土地制度の歴史的性格や意義についてはすでに多くの先行研究で論じられており、多方面からの評価が可能であることはいうまでもないが、本稿の文脈からみて重要なのは、国家による土地管理や収租権分給が田制改革の過程で当然のことと観念され、それが科田法として結実したことである［須川 二〇〇〇：七一頁］。

次に対明貿易である。高麗恭愍王一八年（一三九六）に明との冊封関係が成立して以後、高麗から明へ商人をともなった貿易目的の遣使が頻繁になされたが、これは王族や当時権勢を振るっていた権臣勢力などの権勢家による私利追求の結果だった。しかもこの当時には使行貿易のみならず、国境である義州で互市も許可されており（一三八四

〜)、それも権勢家の利源となっていた。ところが威化島回軍(一三八八)で李成桂と新興儒臣が政権を握って以後、こうした状況は大きく変化し、上述した科田法制定の年である恭譲王三年(一三九一)に使行貿易は完全に消滅し、互市も禁止された[須川 二〇〇〇:七四—七七]。

これら二つの事例はいずれも高麗最末期の事象だが、両者ともに新王朝の建国者である李成桂と新興儒臣が進めた国政改革の一環をなすものである。高麗王族や権臣勢力のもつ既得権益としての経済基盤を解体することがその一義的な目的だったことはいうまでもない。だがそれと同時に、これらの措置は国家権力による経済統制強化という点でも大きな意味をもつものだった。

朝鮮建国後の国内商業統制にも眼を向けてみよう。新王朝の基盤が固まったとされる太宗代(一四〇〇〜一八)の事例として、①市廛の制度整備、②行商に対する行状の発給、③回換と穀物備蓄、④楮貨発行、の四つに注目したい。

まず①については、太宗五年(一四〇五)の漢城遷都後[4]、同九年(一四〇九)に漢城への移住を希望する開城の商人を募り、翌同一〇年(一四一〇)から取扱い品目ごとに分けて営業させることを認めるとともに物価監視を実施した(その後さらに同一一年(一四一一)から一四年(一四一四)にかけて市廛行廊の建設工事をおこなった)。次に②については、太宗一〇年(一四一〇)に全国の行商人を現住地で登録し、納税と引き替えに行状(行商許可証)を発給した点が重要である。要するに①と②は、漢城の商人の場合は市廛制度、地方の行商人の場合は行状制度によって把握・課税し、彼らを国家の管理下に置くことが意図されたのである[須川 二〇〇〇:七九—八〇]。

一方③にあげた回換とは、国境地帯である平安道・咸鏡道地方で穀物を官に納入し、その代わりに京畿をはじめとする他地域の官倉から穀物を受け取れるという制度である。これは、平安道・咸鏡道に農荘(私有地)を有する在京官僚の便宜を図るとともに軍糧穀と賑恤原資を確保することを目的としていた。実際には、こうした本来の意図に反して穀物価格の地方差を利用した営利行為に利用されることも多かったが、留意すべきなのは、回換が可能だったその前提に、国家による余剰穀物の掌握という事実があったことである。換言すれば、各地に賑恤用の義倉と軍糧備蓄用の軍資倉が設けられ（これらはまさに国家権力による再分配を担う機構である）、それらを拠点に余剰穀物の国家管理と備蓄がおこなわれていたことが回換の前提だった［須川　二〇〇〇：八〇―八一］。

最後に④の楮貨とは紙幣のことである。太宗は即位の翌年である元年（一四〇一）に楮貨を発行したが、反対論も強く、二年後の太宗三年（一四〇三）に楮貨発行はいったん廃止された。その後太宗は、市廛制度および行商人への行状発給が法制化された太宗一〇年（一四一〇）になって再度その発行に踏み切ったが、強制的な流通促進策にもかかわらず、やはり楮貨の流通は進まなかった。

では、太宗や彼による楮貨発行を支持した官僚たちは楮貨発行に何を期待していたのだろうか。第一回目の楮貨発行が廃止される直前に登場する「人主之利権」「利権在上」という考え方にその答えを見出すことができる。「利権」とは、「貨幣発行とその需給を国家が掌握することによって物価を調整し、あるいは物資の買附けや放出を通じて物流に積極的に関与し、さらに租税収入だけに依存せずに弾力的に財政運用をおこなう手段というような意味」［須川　二〇〇〇：八二］である。楮貨に期待されたのは、貨幣の一般的な機能である商品流通の媒介物という機能よりは、国家と民との間の価値のやりとりの媒介物としての機能だった［須川　二〇〇〇：八一―八三］。

以上の諸事例はいずれも高麗末期から朝鮮初期に至る時期に関するものだが、李成桂が建国した新王朝がどのような経済体制を志向していたかを理解するには十分だろう。土地制度はもとより、物流についてもさまざまな側面でそれを国家権力が管理・統制することがめざされたのである。当然のことながら、そこでは市場での交換行為は抑圧され、国家による再分配が経済統合の機軸をなすこととなった(5)。そしてそのような体制は、時代が下るにつれて次第に変容をみせながらも、基本的には一八世紀まで持続した(6)。

3　鄭道伝の経済思想との関連

では、このような朝鮮時代の経済体制は鄭道伝の経済思想とどのように関連するのだろうか。次にこの点について考えてみよう。鄭道伝の思想を包括的に考察した韓永愚は、鄭道伝の経済思想を民安論と国富論とに区分してその内容と特徴を論じている。前者は民生の安定のための諸施策にかかわるもので、①当時の基幹産業だった農業を〝本業〟として重視する一方で商業を〝末業〟とみなして蔑視する務本抑末的な重農主義思想、②農業生産の基本手段である土地所有関係の合理的編制（土地均分と佃戸制撤廃）を説く土地制度論、③国家的収取体制公定を論じる賦税論、④貧民救済事業など国家による厚生政策に関する厚生論がその骨格をなす。一方後者は、前者の実現を前提として国家財政の充実を説くものであり、①財政支出の節減と国家的備蓄を論じる節約・貯蓄論と②国家の収入体制の合理的編制を論じる賦税編制論とに分けられる［韓 一九七三：一五八—二〇二］。

ここで注目したいのは、このような経済思想の根幹にある鄭道伝の経済観ないし経済認識である。それは、〝政治とは倫理・道徳を実現することであり、そのためには経済生活の安定が必須である。つまり経済生活の安定こそが統治の根本である。とはいえ、経済生活の安定や利益の追求は無制限に認められるものではなく、必ず「天理（＝義理）」がその前提とされなければならない。「人欲」は「天理」に反するものとして厳禁されねばならない〟と要約できるだろう［韓 一九七三：一五四—一五八］。韓永愚はこのような鄭道伝の経済観・経済認識を、政治・経済・倫理を三位一体と捉えるものと総括した［韓 一九七三：一五八］。

この点を、鄭道伝が著した『朝鮮経国典』のうち国家の財政運営を論じた賦典の記述に即して確認しておこう。まず賦典の「総序」には次のように記されている。

賦者、軍国所需之総名也。分而言之、則用之於国曰銭穀。故治典論出納之節甚詳。取之於民曰賦。故於此論其所出之目。曰州郡、曰版籍、賦之出也。曰経理、賦之制也。曰農桑、賦之本也。曰賦税、賦之貢也。曰漕運、賦之輸也。曰塩鉄・山場・水梁、曰工商船税、賦之助也。曰上供、曰国用、曰禄俸、曰軍資、曰義倉、曰恵民典薬局、賦之用也。曰蠲免、賦之寛也。知賦之所出、則民生不可不厚、而州郡不可不治也、版籍不可不詳也。

知賦之所制、則経理不可不正也。知賦之所輸、則民力不可困、而漕運不可不講也。知賦之所本、則農桑不可不重也。知賦之所助、則課程不可不立也。知賦之所用、則出納不可不節也。知賦之所寛、則民財不可尽取也。然有土有人、然後可以得其賦、有徳然後、可以保其賦。大学之伝曰、有徳此有人、有人此有土、有土此有財、有財此有用。臣故以徳為賦典之本焉。

賦とは軍事・国事における需要の総称である。その内容を区分していうと、国家で賦を使用する際には銭穀という。それゆえ治典では出納の方法についてかなり詳しく論じた。民からこれを徴収する際に賦という。それゆえここ（＝賦典）では民が出す税目について論じる。州郡・版籍とは賦が出てくる基盤であり、経理とは賦を制御することであり、農桑とは賦の根本であり、賦税とは賦を献納することである。漕運とは賦を輸送することである。塩鉄・山場・水梁と工匠税・商税・船税とは賦のなかの補助的なものである。上供・国用・禄俸・軍資・義倉・恵民典薬局とは賦の使途である。蠲免とは賦の徴収を寛大にすることである。賦が出てくる基盤について知れば、民生を厚くしないわけにはいかず、州郡を統治しないわけにもいかず、版籍を詳細にしないわけにもいかない。賦を制御することについて知れば、経理を正さないわけにはいかない。賦を輸送することについて知れば、民力が困窮しないようにして漕運について講究しないわけにはいかない。賦の根本について知れば、農桑を重視しないわけにはいかない。賦を補助するものについて知れば、課税制度を立てないわけにはいかかい。賦の用途について知れば、出納を調節しないわけにはいかない。賦を寛大にすることについて知れば、民の財をことごとく取り立てることはできない。そうして土地があり人民があってはじめて賦を得ることができ、徳があってはじめて賦を保つことができるのである。『大学』の伝には、〝徳があればそこに人があり、人があればそこに土地があり、土地があればそこに財があり、財があればそこに用途がある〟とある。それゆえ臣は徳を賦典の根本とするのである。（鄭道伝『朝鮮経国典』上、賦典「総序」〔『三峯集』巻七所収〕）

鄭道伝は「賦」を国事・軍事における需要の総称としたうえで、それを州郡から恵民典薬局に至るまで、いくつかの要素に分けて説明する。そして最後に、「然有土有人、然後可以得其賦、有徳然後、可以保其賦（そうして土地があり人民があってはじめて賦を得ることができ、徳があってはじめて賦を保つことができるのである）」と述べ、四書の一つである『大学』伝十章の文章を引用して徳こそが賦典の根本であると結論づける。つまり鄭道伝は経済活動の根本に徳をおくのである。「総序」には引用されていないが、『大学』伝十章には、続けて「徳者本也、財者末也。外本内末、争民施奪（徳が根本であり財は末端である。根本を軽んじ末端を重んじるならば、民を争わせて奪い合いをさせることになる）」という記述のあることにも留意しておきたい。

次に賦典の「賦税」の前半部分の記述をみてみよう。

孟子曰、「無野人、莫養君子、無君子、莫治野人」。古之聖人、立賦税之法、非徒取民以自奉。民之相聚也、飲食衣服之欲攻乎外、男女之欲攻乎内、在醜則争之、力敵則闘之、以至於相残。為人上者、執法以治之、使争者平闘者和。而後民生安焉。然不可耕且為也、則民之出乎什一、以養其上。其取直也大。而上之所以報其養者亦重矣。後之人。不知立法之義。乃曰民之供我者。乃其職分之当然也、聚斂掊克、猶恐不勝。而民亦效之。起而争奪。禍乱生焉。蓋先王所以立其法者、天理也。後世所以作其弊者、人欲也。才臣計吏之治賦税者、当思遏人欲而存天理可也。

『孟子』には、「庶民がいなければ君子を養う者がなく、君子がいなければ庶民を治める者がいない」とある。昔の聖人が賦税の法を立てたのは、ただ民から取り立てて自分たちに奉るようにするだけではない。民が相互に集まると、飲食衣服についての欲が外から攻め、男女の欲が内から攻め、同類の間では争うようになり、力が拮抗していれば戦って互いに殺し合うところまでいってしまう。人の上に立つ者が法を執行してこれを治め、争う者に戦う者と和睦をさせてこそ、はじめて民生は安定する。しかし、それは耕作しながらできることではないので、民から収穫の一〇分の一を税として納入させ、人の上に立つ者を養うのである。民からの取り立てが大きいだけに、上に立つ者がこれを養う者に報いるところもまた重い。後世の人は立法の意味を知らず、「民が自分に物貨を提供するのは、その職分において当然のことである」といい、苛斂誅求をほしいままにしているが、それでもなお十分でないことを恐れている。そして民もまたこれに倣い、立ち上がって争奪するので、禍乱が発生することになる。思うに、先王がこの法を立てたのは天理だった。後世の人が弊害を生じさせたのは人欲である。才臣・計吏で賦税を管轄する者は、人欲を抑えて天理を保全することを考えるのが正しい。（鄭道伝『朝鮮経国典』上、賦典「賦税」〔『三峯集』巻七所収〕）

鄭道伝はまず冒頭で『孟子』滕文公章句上の文章[7]を引用し、統治者（君主）と民（野人）とは相互に依存し合う関係にあることを強調する。そして統治者（為人上者）が民から税物を徴収するのは、統治者が自分の欲を満たすためではなく、統治と同時に農耕に従事できず生活の糧を得られないからであると述べる。民は放置しておくと物欲・性欲のままに相互に争い殺し合うので、民生の安定のためには統治者が適切な統治をおこなう必要があるのであり、民から取り立てる税物はその対価であるというわけである。当然、統治者は応分の責務を民に対して負っていることになる。そのような統治者が苛斂誅求の限りを尽くせば、民もこれに倣って禍乱が発生してしまう。

このように述べたうえで、先王が賦税の法を立てたのは「天理」であるのに対し、後世になって賦税の制度に弊害が生じるようになったのは「人欲」の結果であるとし、賦税に関与する官吏は人欲を抑制し、天理を保つべきであると主張している。ここには、韓永愚が指摘する鄭道伝の三位一体的経済観と民安論の基本理念が明示されている。

ここまでみてきた鄭道伝の経済観・経済認識を、上に述べた朝鮮時代の経済体制と対比してみよう。朝鮮時代の経済体制は、一言でいえば、市場における私利の自由な追求を抑圧し、土地制度や物流をことごとく国家権力の管

理・統制下におくことを企図したものだった。それはまさに互恵と再分配（国家レベルではとくに再分配）を経済統合の柱とし、道徳的正当性の観点から私利の追求を認めない道徳経済だった。こうした朝鮮時代の経済体制のあり方が鄭道伝の三位一体的経済観とほぼ重なるものであることは、もはや誰の目にも明らかだろう。朴鴻圭も、鄭道伝は『朝鮮経国典』の「賦典」において国家の再分配体系を打ち立てることをめざしたと述べている［박 二〇〇七：一六八］。

こうした鄭道伝の経済観・経済認識とそれに基づいた経済思想の背景に儒教思想、とくにそのなかでも朱子性理学の影響があることはいうまでもない。鄭道伝の経済思想は『孟子』や『大学』など、朱子性理学において重視された四書の言説を踏まえたものだったことは、上に引用した『朝鮮経国典』「賦典」の記述からも明白である。だとすると、朝鮮時代の経済体制における道徳経済的性格を鄭道伝の経済観・経済認識や経済思想の反映とのみなしてよいのかという点が次に疑問となる。市場経済（ないしはその内実としての商業と、その担い手である商人）に対する抑圧は儒教および朱子性理学の基本的な立場であり、なにも鄭道伝のみに特有の発想ではない。高麗末期に擡頭してきた新興儒臣勢力、とくにそのなかの急進派の人々は大なり小なりそのような発想を抱いていたのではないだろうか。

あるいは須川英徳が指摘するように、このような務本抑末論的な言説は、儒教的発想の結果というよりも高麗末期の内政改革を推進した者たちの政治的意図から生まれたものとみなすことも可能かもしれない(8)。しかしその場合でも、朝鮮時代の経済体制のあり方と『朝鮮経国典』の記述との対応ないし一致のみをもって、鄭道伝が新王朝の経済体制構築に果たした役割を正確に評価することは、史料的な制約もあって実はかなりむずかしいことのように思われる。

だがその一方で、たとえ六年というごく短い期間ではあっても、鄭道伝が新王朝の国家建設を主導する立場にあったという事実と、『朝鮮経国典』と比肩しうるような新王朝の統治理念や統治機構にかかわる著述はほかに知られていないという事実は、やはり無視できない。これらの点を勘案すれば、鄭道伝が新王朝の経済体制建設に相応の貢献をした蓋然性は決して低くはない。第一次王子の乱で殺害されはしたものの、鄭道伝がめざした方向性自体がすべて否定されたわけではなかったと推測される。

三　朝鮮初期の財政制度と鄭道伝の財政構想

1　朝鮮初期の財政制度概観

これまでの議論を踏まえつつ、朝鮮初期に確立した経済体制のうち財政制度（なかでも収取体系と再分配のあり方）に対象を絞り、その具体的内容を概観しておこう。財政制度に着目するのは、李憲昶も述べるように、中央集権的国家支配体制が整備された朝鮮時代には私的権力機構が極度に弱体化しており、再分配といえば国家権力による財政行為がその中心となるとみなされるからである［이　二〇〇九：一七六］。

朝鮮初期において国家的収取の根幹をなしたのは田税・貢納・役だった。まず田税は土地に対する課税であり、税物は水田が米、旱田が大豆をはじめとする雑穀とされたほか、朝鮮初期には田税布貨や田税貢物と称する布木や蜂蜜・油などの現物が課税される場合も多くみられた。当初税額は収穫の一〇分の一に相当する一結当たり三〇斗（豊作時）とされたが、世宗二八年（一四四六）の貢法[9]施行以後は、新たな量田方式に基づいて一結の実面積が改定されたことを受け、収穫の二〇分の一に相当する一結当たり二〇斗（豊作時）に変更された。また朝鮮建国当初、田税を課税対象地は当該田税の納入先であり使用者でもある政府機関別に区分されていたが（各司位田）、世宗二七年（一四四五）、地方官府関連の位田を除く中央諸官府の位田と軍糧米を徴収する軍資田とを国用田に一本化する措置がとられた。

次に貢納とは、政府・王室諸機関で使用する多種多様な物資を現物の形で地方官に分定して徴収するものである。貢物は各邑（府・牧・大都護府・都護府・郡・県）を賦課対象とし、「任土作貢」（その土地の物産に応じて貢物を設定する）の原則のもと、農産物・鉱産物・手工業製品などが各邑の土地面積に応じて分定された。各邑はそれらの貢物を当該邑の官府に所属する労働力を利用したり邑内の民戸を使役したりして調達し、所定の中央官府に納入した。進上は各道の観察使や兵馬節度使・水軍節度使などが国王・王妃・王世子をはじめとする王族や宗廟などに対して献上する礼物を意味するが、やはり各種の現物が指定され、その調達は多くの場合地方の民戸だった。しかも進上の多くは毎年所定の時期に定例的になされるものだった。つまり民戸にとっては毎年同様の負担が課せられるわけで、これは事実上の公租公課にほかならなかった。

田税と貢納は、課税対象や課税方式、税目としての性格などは異なるが、両者ともに何らかの物資を賦課・徴収するという点では共通していた。これらは広い意味で税の範疇で捉えることができる。これに対し、役はそうした物資を収取するものではなく、労働力を徴発するものであり、徴発対象の違いにより身役と徭役の区別があった。身役は国家が個別に指定した特定の個人を徴発するもので、その最も代表的なものが軍役である。徭役は特定の個人を個別に使役するのではなく、民戸を賦課対象として戸内の不特定の人丁を徴発する戸役だった。

以上のような朝鮮初期の収取体系における最大の特徴は、田税の場合はおもに穀物、貢納の場合には各種の現物、役の場合には労働力といった具合に、収取の対象物（税物）が多岐にわたる点である。[10]なかでも当時の国家財政において最も大きな比重を占めたとされる貢納が多種多様な現物納入制度だった点が、とりわけ注目される。一言でいえば、朝鮮初期の国家財政は現物主義に徹したものだった。

朝鮮初期の貢納は、高麗後期以来の現物納入制度である雑貢にその淵源を求めることができると思われる。朝鮮建国直後の太祖元年（一三九二）七月、李成桂は即位の教書において戸布の廃止を宣言した。[11]戸布は雑貢負担軽減のために高麗末期に導入されたものである。現物納入に代えて布を民戸に課したものと推測される。それを廃止したということは、現物貢納制度としての雑貢がこののちも存続したとみてよい。須川英徳は、この措置によって新王朝の国家財政は現物主義の傾向をいっそう強めたと理解する［須川　二〇〇〇：七八］。このような国家財政における現物主義は、いうまでもなく商業的な物資調達の否定を意味する。前述のように、高麗末期においては王族や権臣勢力などの権勢家による対明貿易を通じた私利追求が顕著になされていたが、李成桂と新興儒臣勢力はこれを禁断することで、商業を介した物資調達の道を塞いでしまった。戸布の廃止も同じ文脈においてなされた措置だった。

さて、田税・貢納・役の形態で収取された各種の税物は、それぞれに政府・王室諸機関や官僚層の需要を満たしたのち、納税者である民へと還流していくことになる。ただし、貢納として徴収された各種の現物は政府・王室機関で消費されるため、大部分はその過程で消滅してしまい、一部の例外[12]を除いては再分配の対象とはなりえなかっただろう。役の場合も労働力の徴収というその性格上、そのままの形では再分配の対象となりにくかったと考えられるが、たとえば徭役によって建設された道路や堤堰など、あるいは軍役によって運営された漕運を利用して田税穀が首都漢城に集積され、やがてその穀物が漢城市中に還流する、といったような形で再分配の一端を担ったとみることは可能である。とはいえ、国家的再分配に占める比重は相対的に軽いものだったとみなされる。

田税・貢納・役の形態で収取された税物のうち、国家的再分配の中核をなしたのは、田税だった。田税として徴収された米をはじめとする穀物の主要な用途は、官僚への禄俸と軍糧、それに救荒用の備蓄穀だった。禄俸として官僚に支給された穀物は、生活物資の入手と引き替えに市中に放出されただろう。また軍糧や救荒のための穀物は定期的に新旧穀の入れ替えがなされただけでなく、還穀として定期的に農民へ再分配されもした。このような余剰穀物が国家の管理下におかれていたことは、既述のとおりである。

田税に関連してさらに附言すれば、李憲昶は、前述した各司位田制から国用田制への移行を国家による土地再分配の強化とみる［이　二〇〇九：二〇八］。国用田制の実施は、分散的な性格の強い財政運営を一元化しようとする試みの一つとも理解されるが、個々の官府ごとに課税地を設定する各司位田制に対し、国用田制では課税地のそうした区分をなくし（つまり各官府と課税地との関係を断ち切り）、一括して徴収した田税を中央において各官府に分配する

ことが意図されていたことはたしかなので、国家権力による土地管理の強化をそこに読み取ることもまた可能だろう。ともあれ、各司位田にせよ国用田にせよ、それは国家権力による各官府への土地の再分配という文脈に位置づけられる措置であることにちがいない。

2　鄭道伝の財政構想

鄭道伝は『朝鮮経国典』のなかで、上記のような朝鮮初期の収取体系の枠組みについて次のように述べる。

国家賦税之法、租則一出於田、而所謂常徭雑貢者、随其地之所出而納之官府。蓋唐租庸調之遺意也。殿下尚慮賦税之重、有以困吾民、爰命攸司、改正田賦、詳定常徭・雑貢、庶幾得中正之道。然租則験其田之開荒、所出之数可稽、其常徭・雑貢者、但定其官府所納之数、不分言其有戸則出某物為調、有身則出某物為庸。

国家の賦税の法は、租は土地から徴収し、いわゆる常徭と雑貢はその土地の物産に応じて官府に納入する。思うに、唐の租庸調の遺意である。殿下(=太祖)は、賦税が重く、わが民を苦しめていることをなお憂慮なさり、ここに担当官に命じて田賦を改正し、常徭と雑貢を詳定させ、ほぼ公正な道を得ることとなった。しかしながら、租はその土地は開墾されているか荒れ地であるかを調査すればその徴収額を計算することができるが、常徭と雑貢はただ官府に納入する額を定めているだけであり、戸があれば某物を出すことを調となし、身があれば某物を出すことを庸となすことをはっきりとは述べなかった。(鄭道伝『朝鮮経国典』上、賦典「賦税」〔『三峯集』巻七所収〕)

この記述から、鄭道伝が田税・貢納・役からなる朝鮮初期の収取体系を唐の租庸調体制になぞらえていたことがわかる。文中では「常徭・雑貢」という表現を用い、「常徭」を庸、「雑貢」を調にあてているが、「常徭」が役、「雑貢」が貢納をさしていることは明らかである。

さきに概観したように、朝鮮初期の貢納は厳密には戸を賦課対象としたものではないし、役には民戸を対象とした徭役と特定の個人を対象とした身役の二種類があったので、唐の庸調と完全には対応しない。「其常徭・雑貢者、但定其官府所納之数、不分言其有戸則出某物為調、有身則出某物為庸（常徭と雑貢はただ官府に納入する額を定めているだけであり、戸があれば某物を出すことを調となし、身があれば某物を出すことを庸となすことをはっきりとは述べなかった）」とあるのもそのためである。にもかかわらず、田税・貢納・役を「租庸調之遺意」と断言しているのは、李憲昶も指摘するように儒教の尚古主義によるものだろう〔이 二〇〇九：二〇八〕。たんに現行の田税・貢納・役からなる収取体系を正当化ないし権威づけることを意図していたのか、あるいは租庸調体系の実現を本心からめざしていたのかは判然としないが、少なくとも国家的収取体系を租庸調になぞらえる理解はその後も長く継続した〔이 二〇〇九：二〇八〕。

ところで鄭道伝は『朝鮮経国典』の別の箇所で、国家財政は「量入為出」の会計原則に基づいておこなわれるのが理想であると述べている。次に引用する部分がそうである。

今悉書其所入之数、著之篇者、欲其用之也量入為出、庶乎不至於妄費也。
今、その収入額をことごとく記して帳簿を作成するのは、その使用において収入を計算して支出することで、でたらめな消費がないようにすることを願うからである（鄭道伝『朝鮮経国典』上、賦典「国用」〔『三峯集』巻七所収〕）

「量入為出」とは、収入額を計算して支出するという意味である。実際に朝鮮初期の国家財政においては、この「量入為出」が会計の原則として機能した。むろんそれは鄭道伝の独創ではないが[13]、彼が『朝鮮経国典』であるべき会計原則として「量入為出」をあげたことは、朝鮮初期の財政運営に一定の影響を与えたものと思われる。しかしこうした「量入為出」の会計原則は、一五世紀後半以降大きく変化する。最後に、この点について簡単に触れておきたい。

当然のことながら、「量入為出」の会計原則のもとでは歳入額に応じて歳出がなされることになる。逆に歳入以上の歳出はしないということであるので、これはたしかに道理にかなった財政運営ではある。だがその一方で、この会計原則は放漫財政を招く恐れも同時に持ち合わせていた。現に、歳入予定台帳としての貢案には政府・王室の実際の必要経費よりも多い税額が記載されていた。

ところが世祖一〇年（一四六四）の貢案改訂に際して新たに歳出予定表としての「横看」がはじめて作成されたことで、このような会計原則は大きく転換することになった。横看に歳出予定額（政府・王室の必要経費）が記載されたことにより、貢案にはそれに応じた歳入予定額が記載されることになったのである。つまり横看の制定を契機として朝鮮の財政運営は、歳出を考慮して歳入を制御する方式へと転換したわけであり、田川孝三は、朝鮮の財政運営におけるこの転換を朝鮮財政史上における思想的進展を示すもの、制度の画期的改正として評価した［田川一九六四：三三三］。これは朝鮮建国後に鄭道伝の財政構想が見直された一つの例ということができる。

四　結言

以上、本稿では、朝鮮時代の経済体制はどのようなものであり、それと鄭道伝の経済観・経済認識とがどのように関連するのかということ、そしてそれを踏まえて、朝鮮初期の財政制度の具体的内容を確認したうえで、限られた範囲ではあるが、収取体系と財政運営に関する鄭道伝の構想についてもごく簡単な考察を試みた。全体として先行研究の成果に多くを負っており、とくに目新しい議論は展開できなかったが、いくつかの論点は提示できたのではないかと考える。多少とも今後の議論の素材となれば幸いである。

［付記］本稿は、二〇一六年八月二五日に韓国ソウル市中区のプレスセンターで開催された第三回三峯学国際学術大会「鄭道伝と東アジア新秩序の構築」（제3회 삼봉학국제학술대회「정도전과 동아시아 신질서 구축」）での筆者の報告「조선초기의 재정제도와 정도전」に基づくものである。本誌掲載に当たり一部の字句・表現については若干の修正を加えたが、内容・論旨自体は基本的に当日の報告のままである。読者諸氏のご批正を請う。なお大会では本文中でも言及した李憲昶氏が討論者を務めてくださり、同氏はじめ多くの方々から貴重なご意見をいただいた。この場を借りて謝意を表したい。

注

（1）日本では一般に「互酬」という漢語表記を用いるが、本稿では李憲昶にしたがい「互恵」に統一する。

（2）日本では「再配分」と表記される場合もある。

（3）ポランニーは一般に経済学者・経済史家として知られ、また経済人類学の創始者として取り上げられることも多いが、彼の業績は経済関係にとどまらない。経済学を基底としながらも、彼の活動領域は政治学や社会哲学など広範囲におよんだ。ポランニーの学問的軌跡とその意義については、［若森　二〇一一］および［若森　二〇一五］に詳しい。

（4）朝鮮建国後、旧都開城から新都漢城への最初の遷都は太祖三年（一三九四）になされたが、その後、第一次王子の乱後の定宗元年（一三九九）に開城に戻され、太宗五年（一四〇五）になって再度漢城が首都とされた。

（5）朝鮮時代の経済体制が基本的に国家的再分配体制を機軸とするものだったことは、李栄薫や李憲昶も指摘している［이　一九九六］［이　二〇〇九］。

（6）朝鮮においても次第に市場経済が発達し、李栄薫・朴二択が指摘するように、一八世紀になると市場での取引量が再分配に立脚した国家財政規模を上回るようになる［李・朴　二〇〇七］。李憲昶はこうした一八世紀の経済体制を再分配と市場という二大配分機構によって統合された経済体制とみなした［이　二〇〇九］。また李栄薫は、一九世紀になると再分配を経済統合の機軸とする朝鮮時代の経済体制は危機を迎えたと指摘する［이　二〇〇七］。

（7）ただし、原文は「無君子莫治野人、無野人莫養君子」とあり、句の順序が逆である。

（8）須川は「あくまで農が本で商が末であるとし「務本抑末」が重要であるという商業末業観に基づく商人賤視は、儒教的な典拠に依拠する表現をとってはいるが、たんに儒教的発想がしからしめたというよりは、田制改革を求めた者たちの政治的意図から生まれたというべきである」と述べる［須川　二〇〇〇：七八］。

（9）あらかじめ田分（肥沃度に応じた土地等級で、一等田から六等田まで六等級）と年分（作柄の等級で、上上年から下下年まで九等級）とを定めて年分ごとの課税額を決めておき、その年の年分が確定するとそれに応じた課税額を徴収する課税方式のこと。

それ以前は収穫期になると中央から各地に官吏を派遣して作柄を調査させ、その報告に基づいてその年の課税額を決定する損実踏験法によって課税されていた。

(10) ちなみに一五世紀末以降、貢納における防納の盛行や身役の布納化などを通じてこうした雑多な税物は次第に米と綿布に一元化されていく。貢納の地税化を内実とする大同法の実施はその一つの帰結である。

(11) 『太祖実録』巻一、元年七月丁未条。

(12) 政府機関で使用された紙類のうち、反故となった文書類などは廃棄され、その一部は民間へ売却された可能性がある。また船舶などは所定の期間が過ぎると民間に売却された。

(13) 「量入為出」の初見は『礼記』王制篇である。

参考文献

〈日本語文献〉
栗本慎一郎
一九七九 『経済人類学』(東洋経済新報社)
栗本慎一郎編
一九九五 『経済人類学を学ぶ』(有斐閣)
須川英徳
二〇〇〇 「朝鮮初期における経済構想」(『東洋史研究』五八—四)
田川孝三
一九六四 『李朝貢納制の研究』(東洋文庫)
李栄薫・朴二択
二〇〇七 「18世紀朝鮮王朝の経済体制：広域的統合体系の特質を中心として」(中村哲編『近代東アジア経済の史的構造』日本評論社)
ポランニー、カール(玉野井芳郎・栗本慎一郎訳)
一九八〇 『人間の経済I—市場経済の虚構性』(岩波書店)
ポランニー、カール(玉野井芳郎・平野健一郎訳)

一九七五『経済の文明史』（日本経済新聞社）
若森みどり
二〇一一『カール・ポランニー――市場社会・民主主義・人間の自由』（ＮＴＴ出版）
二〇一五『カール・ポランニーの経済学入門――ポスト新自由主義時代の思想』（平凡社）

〈韓国語文献〉
박홍규
二〇〇七「정도전의 경제사상」（『아세아연구』五〇―四）
이영훈
一九九六「韓國史에 있어서 近代로의 移行과 特質」（『經濟史學』二一）
二〇〇七「19세기 朝鮮王朝 經濟體制의 危機」（『朝鮮時代史學報』四三）
이헌창
二〇〇三「유학사상의 체계적 정립을 위한 시론」（『국학연구』三）
二〇〇九「조선왕조의 經濟統合體制와 그 변화에 관한 연구」（『朝鮮時代史學報』四九）
韓永愚
一九七三『鄭道傳思想의 研究』（서울大學校文理科大學韓國文化研究院）

【書評】

伊藤亜人著『北朝鮮人民の生活　脱北者の手記から読み解く実相』

（弘文堂、二〇一七年五月、A5版、四五六頁、五〇〇〇円＋税）

文　聖　姫

朝鮮半島情勢がめまぐるしく動いている。南北首脳会談、中朝首脳会談、そして史上初の米朝首脳会談が開催されるなど、新聞やテレビで朝鮮半島のことが語られない日はほとんどない。しかし、膨大な情報量の中で、北朝鮮の人々が何を考え、どのように生活しているのかという重要な視点を伝えてくれるものは少ないと評者は考える。そうしたなか、脱北者、つまりは北朝鮮を離脱した人々に限定されてはいるものの、北朝鮮で暮らした経験を持つ人々の手記をもとに、北朝鮮社会の生活実態に迫ろうとするのが本書である。本書には脱北者の手による九九篇の手記が収められている。彼らは自らの経験を思い起こしながら、ありのままを丁寧に記している。

著者である伊藤亜人氏は、「はじめに」で、北朝鮮社会の閉鎖性や現地調査の難しさについて次のように述べている。

「この社会（評者注：北朝鮮社会）は、国際社会において著しく孤立・閉鎖状況にあるため、このように具体的に対象を定めて観察・記述することが厳しく規制されており、人類学による現地での調査など許されない。つまり、国家と一体化した社会体制そのものを対象とすることは避けられないし、制度論的なアプローチとして有効であるとはいえ、それを従来の人類学のように特定部分や事例に照準をおいて接近することは実現不可能である」。

他方、社会主義体制下においても、「民衆の日常生活は在来の民俗的慣習などの非公式な領域が大きな比重を占めていたことは明らか」（本書「はじめに」vi頁）であり、それは韓国とあまり変わらない。朝鮮労働党の指導下にある社会主義体制という公式領域のなかで存在する非公式経済の実態を解明することを、本書は試みている。

生活実態を知らせてくれる脱北者

では、本書の内容を章ごとに分けて簡単にまとめておきたい。

序章では、著者の北朝鮮研究の視点が提示される。長い間、日本における北朝鮮研究は政治や外交、経済といった側面に限られてきた。その傾向はいまでもあまり変わっていない。そのため、どうしても国家による公式の情報に頼らざるを得ないのが現状である。人々の日常生活を通して北朝鮮社会をとらえなおす試みが、日本では必要性すら感じられていないことを著者は嘆く。他方、韓国では脱北者がもたらす情報に基づく政治・経済・人道問題の膨大な蓄積があるにもかかわらず、「北朝鮮社会の実態を人間社会の一つの様態として提示しようとする人類学的視点に立った展望はほとんど見られない」（本書四頁）と、著者は指摘する。

北朝鮮の生活実態を知らせてくれる存在として、著者は脱北者に注目した。①彼らのもたらす情報が自身の体験に基づいており具体的である点、②社会主義体制における経済の閉塞状況や独裁体制における生活実態を伝えるという意味で貴重な点、がその理由である。そして、時間をかけて彼らにインタビューするだけでなく、彼らに直接生活記録を書かせるという方法を併用した。これがオリジナルな研究方法といえる。一般的な解説風や抽象的な内容、文学作品風なものは書き直させた。すると、手記の内容は回を追うごとに充実していったという。しかも、脱北者自身が自分の人生を振り返るうえで意義ある作業であることに気づくようになったという。

第一章では、「住民と社会統合」と題して、成分（出身成分と社会成分）、三大階級（核心階層、敵対階層、動揺階層）、宗教、身分と教育、職業と居住、障害者の扱い、等級制度、知識・情報の項目に分けて、北朝鮮独特の制度や住民生活の解説がなされる。本書によれば、平壌市内に居住する聾唖《ろうあ》や身体障害者、精神障害者は原則として家族も含めて地方に強制移住させる政策が採られるという。実際に追放された事例が脱北者の手記を通して紹介されている。そのなかには、障害者のため平壌から追放された女性を追って結婚し地方で幸せに暮らした夫婦のエピソードも描かれる。ただし、近年は北朝鮮でもパラリンピックに出場する選手の存在など、障害者に対する処遇に変化が見られる。

第二章では、「社会主義化」と題して、鉱工業の国有化と農業の協同所有化、商業分野その他の協同組合化、主婦たちの副業、計画経済化、所有制度の項目に分けて、国家権力によって社会主義の理念を実体化する過程を解説している。脱北者が書いた所有制に関する手記によれば、唯一の雇用主である政府が賃金や物価を規定しており、利潤や余剰物もすべて国家のものである。そのため、汗水たらした労働の結果としての生産物の大半は国家に納める仕組みになっている。国家は私有財産も侵害するという。その例として手記では、金日成の銅像を鋳造するための金を住民から一定量供出させるエピソードが描かれる。住民たちが自発的に献納したように宣伝しながら、実際には国家が個人の財産を強制的に取り上げたものだという。

第三章では、「組織生活」と題して、私的な生活空間（家庭生活、公式制度に組み込まれた生活）、党組織（党と党員、党書記）、社会主義労働青年同盟（党傘下の四団体、社労青の活動）、少年団、女性同盟、人民班の項目別に解説がなされる。この章では、脱北者らの手記の数もぐんと増える。それだけ語るべき話が多いということだろう。北朝鮮では、国民は必ず何らかの公的組織に所属しなければならない。党や社会主義労働青年同盟（現在は金日成社会主義青年同盟）、少年団、女性同盟、人民班は、国民が所属を義務づけられる組織の一部である。なかでも人民班は、専業主婦にも所属を求める地域組織である。公的な組織に所属しないものは「無頼」とされ危険視されるという。さらには、住居選択と旅行の自由も制限されており、許可が必要だとされる。ただし、旅行の自由に関しては一九九〇年代後半の経済難を経て、平壌と一部地域を除いてはなし崩し的に認められるようになった。九八年に改正された社会主義憲法には、「移動の自由」が明記された。

本章の結論で著者は、「組織生活とは家庭における私生活を除いたほとんどすべての生活を指し、党の方針を徹底させ社会主義体制を堅持するための規制と管理を重視する生活」だと結論づけている。北朝鮮ではどこまでも集団主義が優先され、個人の意志や行動は利己主義、非社会主義として批判の対象だという。毎週のように「生活総和」というシステムのもと、生活に関する自己批判・相互批判が行われる。ただし、そうなると批判はマンネリ化し、「組織員の集団主義を演出し、その理念を共有する儀礼的な場」（本書一二八頁）となっていると、著者は指摘する。

第四章では、「産業政策」と題して、重工業と軽工業、重工業重視と先軍政治、中央企業と地方企業、電力事情の項目別に解説がなされる。本章を通じて読者は、北朝鮮の産業がどのような構造になっているかを知ることとなる。とくに電力事情に関する項目では、手記を通じて驚くべき実情が描き出される。手記によれば、北朝鮮では電力が不足すると、まず軍需工場に送り、次に残りの電力を各道に送っていた。各道に送られる電力量の割当が決められていた。手記はこんな実例をあげる。「平安南道は五〇〇キロワットを使えといえば遵守しなければならず、もしこれを守らなければスイッチを切ってしまう。そうなると、再び電力供給を復活させるには、超過使用分の電力量と超過の原因が何であるかを提示しなければ復活されない。このため道の送配電部では、電力超過を防ぐために過負荷遮断機を設置して、許容電力量を超過すれば自動的にスイッチが開放されるようにしておく」。このような構造が、地方工場の稼働率を低下させる一因になっているという。

供給体系の実態

第五章では、「協同農場」と題して、北朝鮮の協同農場のシステムなどを解説する。本章では、北朝鮮最北端に位置し、中朝国境地帯にある咸鏡北道セビョル郡の協同農場の実情が、脱北者の手記や面接を通じて細かく記されている。とくに、脱北者自らが描いたセビョル邑の地図や里党委員会や金日成革命歴史研究室、作業班の脱穀場、苗床などが図で描かれているのが興味深い。北朝鮮の協同農場がどのような仕組みになっているかは、断片的には伝えられてきたが、主に一人の脱北者の実体験を通じて語られる実情は、北朝鮮の農業実態を知るうえで貴重な資料といえる。

著者に報告した脱北者は、農業の集団化を否定的にとらえており、経営の集団化と農業自体の変化にともない農村の状況がすっかり変わってしまったことを嘆く。北朝鮮における農業の一般像が農業の世襲を強いられ土地に縛られた発展性に欠けた生活像であり、職業の世襲が強制されているため、将来の進路に夢を抱けない若者が父親を恨むという指摘は、これまで語られてきた北朝鮮の集団農場像とは対照的だ。

第六章では、「住民に対する供給体系」と題して、食料（主食、加工食品、副食類、調理材料、嗜好品）と工業製品（衣服類、住居）の供給体系について解説がなされる。

脱北者の手記に基づく解説によると、食料の供給は協同農場員を除いて全国民が対象であり、毎月二回一五日分ずつが供給される。主にコメとトウモロコシだが、時には小麦や大麦も含まれるという。比率に関しては平壌が優遇されており、平壌はコメ八に対して雑穀二、地方は五対五だった。一九八〇年代に入ると、一度の配給で二日分を節約分として削減し一三日分しか供給されなくなったとされる。穀物の供給量は個人の政治的地位や職業、労働者の場合には仕事量の多さと労働の強度を基準として一二等級に分けられていたという（本書二一九〜二二〇頁）。だが、こうした供給制度の発足当時の基準も、一九七〇年代には食料不足で脅かされ始めていたというから驚きである。

日用生活物資も供給が基本であった。各道の行政委員会に商業課があり、そのなかの人民経済計画部が農産物以外の一切の生活必需品を、国定価格で供給するシステムである。住宅も供給されるが、ここでも格差がある。地方機関の幹部級以上に対しては一〇〇％住宅を配定しているが、一般労働者の場合供給率は五〇％を少し超える程度だとされる。住宅の配定は、それを受ける人の政治的地位や社会的身分に応じて左右されるから、住宅を見ればその人の身分が分かるという。平等を掲げてきた社会主義体制のなかで、供給も政治的地位や社会的身分に応じて変わってくるという現実は皮肉である。

第七章は「自力更生と副業活動」と題して、原料基地、副業地、副業班、八・三生活必需品生産、額上計画、主婦らによる家内班などの実態を紹介しているほか、国営商店、収買事業、市場における非公式な私的商活動や行商などについても検討している。

「八・三生活必需品」という耳慣れない言葉は、北朝鮮における副業班の一形態である。「八・三製品」は当初、企業所から出てくる副産物を活用して生活必需品・消費品を作り、国営商店と直接取引して販売する形態がとられていた。これが各企業に広がり、専門に従事する労働者が出現し、一般労働者と同じ扱いを受けるようになったとされる。国営商店以外でも各市・区域・郡に直売店が登場した。脱北者の手記によると、「八・三製品」の出現によって商店には物が出回るようになったが、九〇年代末には再び商店から消え始めた。労働者たちが個人で製品を作って市場で売るようになったからである。月給だけでは生きていけないためだったが、これが市場経済への近道となった。

政府への納入額によって計画達成を認める方式である「額上計画」も、北朝鮮独特のシステムである。正常に稼働できない工場・企業所は数字上の指標計画を立てる。従業員には休業を認め、彼らが市場で稼いだ利益の一部を企業に納めさせる。つまり、従業員が自ら働いて得た個人的な利益を還元させて、企業が指標計画を達成するという仕組みである。工場・企業所は本来の生産を行わなくても、それに見合った収益を国に納めれば、書類上は計画が達成されたことになるという。ある脱北者は「『従業員が金を儲けて工場を運営する』というまったくおかしな運営方法」(本書三〇一頁)だと指摘している。

市場化に向かう過程

第八章では、「私用耕作地」と題して、「トッパッ」と呼ばれる家庭菜園、小土地などの検討が行われている。トッパッは、農村地帯で住居の周辺に設けられた自家用菜園であるが、その規模は一戸あたり三〇坪程度という。このトッパッでは、時間に余裕のある高齢者が肥料や水やり、虫取りなどをこまめに行うこともあって、一般の農場に比べて数倍〜十倍の生産性を誇るとされる。農民は協同農場より私用地での農作業に力を入れるため、問題視されて規模が縮小されてきた経緯があるが、九〇年代になると再び規制は緩和された。

第九章では、「市場（チャンマダン）・商い・交換」と題して、市場、市場での商い（麺、パン作り、豆腐作り、飴商売、酒作り、海産物の商売）の項目別に検討がなされている。そもそも朝鮮半島では市場（チャンマダン）は、農村経済・地域経済の中心をなすと同時に、情報交換の場、社交の場、娯楽の場としての意味もあった。社会主義体制に移行した後も、市場は「人民市場」、「農村市場」、「農民市場」と名前を変えながら存在し続けてきた。ただし、社会主義体制下において市場は「非社会主義的」な存在として統制の対象であった。九〇年代後半の経済難の時期には、市場が経済の中心的存在となっていった。

著者は、「一九九〇年代に入って市場は規模の点でも、また取引物資の面でも大きく発展を遂げ、『苦難の行軍』（評者注：九〇年代後半の北朝鮮が経済的に最も苦しかった時期）の時期には、従来闇取引とされていた違法な商いがほぼ公然と行なわれるに至った。国家計画経済以外の私的経済活動を厳しく規制することで維持してきた社会主義流通体制は、住民の実生活において実質的に底辺からなし崩し的に破綻したといってよい」（本書三四六頁）と指摘している。本章では、北朝鮮の人々が関わった市場での商売の様々な実態が手記を通じて生々しく描かれる。それは、「市場が繁栄するとともに人々が生活力を身につけ、職場の月給や配給に頼らず経済的に自立するものが現れ」（本書三五一頁）る過程でもあった。それまで商売などしたこともない元教員の家族など、多くの人々が飢え死にしないために、サバイバルとして商売に手を出したのが市場の繁栄する始まりであったということが、手記を通じて浮き彫りになってくる。二〇〇七年に再び市場への取締りが強化されるようになるが、それに耐えながらも、生活のために商いを続ける人がいかに多かったかが、手記からは読み取れる。八年間も市場で麺を売る商売を続ける人、固定客ができて商売が安定していく様子など、人々が商売や市場に徐々に慣れていく様子は、北朝鮮で経済の市場化が進展していった背景を探るうえで興味深い。

第一〇章では、「タノモシ」と題して、公的な生活保障が機能しない中で、人々がどのような形でお金を融通し合うかといった点を解説している。著者によれば、北朝鮮でも韓国と同様、在来の相互扶助や協力慣行が重要な役割を果たしてきたようである。北朝鮮では主に「契《ケ》」という手段が公式に許容されているが、これは近年まで韓国の農村や都市部で広く利用されてきた方式であるという。「契」という名称以外にも、タノモシ、モアモッキ、モウムトンなどの名称が使用されていることが、脱北者の手記を通じて明らかになる。

著者は、「社会主義体制にあっても、配給や給料などが滞るような危機的な経済状況では、公式の制度による生活保障を補填するものとしてこうした在来の非公式な相互扶助が人々の生活にとって重要な役割を果たしてきた」（本書四〇二頁）と述べる。つまり、「公式の制度が部分的に機能不全に陥った情況では、これに対処する上で生活防衛的な慣行が有効」であり、「非公式なこうした慣行こそ、公式の社会主義体制を補完し維持する上で機能してきた」（本書四〇三頁）と結論づける。

第一一章では、「盗みの社会的含意」と題して、違法な行為である盗み（横領、密輸なども含まれる）が北朝鮮社会においてどのような意味を持ち、人々の間でどのように考えられているかといった解説がなされている。国家が人々の生活を保障する制度が機能しない状況下では、非公式の行為を規制するのは難しい。脱北者の手記では、生々しい盗みの実態が記される。そもそも社会主義体制のもとで私有財産権が否定されている北朝鮮において、盗む行為は国家の財産を盗むということになると著者は指摘する。そのうえで、配給が滞っているということは、国家が人民に負債を負っていることを意味するもので、住民は国家の資産を私的に入手しても罪の意識は少ないようだと述べる。つまり、「盗みは社会的に是認されていると言っても言い過ぎではない」（本書四二五頁）。

終章は本書の結論である。「北朝鮮社会の特異性と普遍性」と題して、本書で述べられてきた様々な非公式行為に関する見解を総合的にまとめている。脱北者の手記を通じて明らかになったのは、社会主義の公式体系が、「生産と供給といった物的・経済的基盤の面から不調を来し、それがあらゆる生活部門に及んでいる」（本書四二八頁）ということである。手記では、こうした社会主義の理念と現実のなかで、生き残るための自力更生の模索と非公式領域の生活が記される。「公式な領域すなわち社会主義体制と非公式の領域すなわち非社会主義的な領域とは、前者は後者を規制し否定することで維持されるのに対して、後者は前者の規制が及ばない範囲や情況で開けるもの」（本書四三〇頁）である。ところが、北朝鮮の社会主義体制は、非公式領域を否定、排除することによって成立しているのではなく、実際には一体化しているというのが著者の結論である。

近い将来のフィールドワーク実現を

北朝鮮の経済政策と市民社会の変化を研究テーマとする評者は、博士学位論文執筆のために二〇〇八年と二〇一〇～二〇一一年の四回訪朝し、現地調査を試みた。しかし、研究方法としてのフィールドワークや現地調査の意味は理解されにくく、現地調査を目的とした長期滞在の許可もなかなか下りなかったのが現状である。とはいっても、生活の過程や現地の人々への聞き取り、国営商店や市場、企業所や工場、集団農場などの観察を通じて、ある程度北朝鮮の人々の生活実態を知ることができた。以前に勤めていた在日系の新聞社の特派員として長期滞在していた際や学位取得のための現地調査では、限界はあるものの地方を含めた人々の生活実態も知ることができた。

本書で語られる様々な事例は、評者が現地で体験したり聞いたりした話と一致する部分が多いことに驚いた。間違いなく本書は、北朝鮮の一般大衆の生活を知るための一級の資料である。さらに、北朝鮮における非公式領域の実態が、単に実態を知らせることにとどまらず、きちんと整理された形で提示されていることは、今後北朝鮮という社会を研究していく人たちにも多くの示唆を与えてくれる。

もちろん、インフォーマントが脱北者であり、主に咸鏡北道出身者であるという点において、本書が北朝鮮の全体像を余すところなく描いているとは言い難い。こうした不足点を克服するには、やはり現地調査が欠かせないだろう。金正恩政権は国際社会に向けて門戸を開こうとしているかのように見える。近い将来、現地でのフィールドワークが実現し、この分野におけるさらなる研究成果が出ることを期待したい。本書はその土台を築いてくれたという意味においても、先駆的研究といえる。

本の紹介

『本の未来を探す旅 ソウル』

辻野裕紀

内沼晋太郎・綾女欣伸編著、田中由起子写真、朝日出版社、東京、二〇一七年、二二三頁、二三〇〇円＋税

書店のかたちを〈商品消費型〉と〈時間消費型〉に二分するとき、後者の代表的な存在と言える、東京は下北沢のB&B。本書は、その経営者であり、ブック・コーディネイターでもある内沼晋太郎氏と、編集者の綾女欣伸氏の、ソウルの書店、出版をめぐる取材の旅の記録である。少子高齢化、雇用問題、高い自殺率など、数多くの社会的難点を日本と共有する双生児のような韓国において、書店や出版界はいかに在るのか。これまでかかる問いに克明に答えてくれる日本語の書物は管窺の限り烏有であった。本書の新規性はまず茲に在る。ソウルの書店出版界の最前衛に立つ、新進気鋭の士たちへのインタビューを丹念に行ない、日韓の書店や出版の来し方行く末を諦視せんとする清新なる試みである。韓国語版も今年刊行され、韓国の読書界でも注目を浴びている。

　ソウルには、近年、いわゆるインディペンデント系の書店が急増している。THANKS BOOKS、BOOK BY BOOK、wit n cynical、YOUR MINDなど、本屋好きの読者であれば、こうした書肆の名がいくつも瞬時に泛ぶであろう。私も、こうした本屋に積極的に足を運び、ブッキッシュな韓国学徒のひとりとして、韓国の書店界の「現住所」を瞻視しようと勤しんできた。調査研究の合間に弘大界隈や通義洞、孝子洞周辺を当て処なく逍遥していて、瀟洒な書店やブックカフェをゆくりなく発見したことも一再に止まらない。教保文庫や永豊文庫、パンディエンルニスなどの大型書店も今猶健在だが、インディペンデント系の書店の隆盛は、ひとつの大きなムーブメントを巻き起こしていると言っても過言ではない。所謂ジンの発行も盛んであり、若年層を中心に、書店や出版への関心は漸次高まってきている。

日韓共に出版の斜陽が叫ばれて久しく、いかにそうした奔流に抗い、いかに紙の本の命脈を保つための方途を案出するかが火急の課題だが、本書は「韓国の書店出版界は日本を先取りしているのではないか」という仮説から出発し、多数のインタビュー取材を通して、韓国の斯界の先駆性を顕示的に示そうとしている。勿論、日本にもB＆B、森岡書店、天狼院書店（以上東京）、ON READING（名古屋）、ブックスキューブリック（福岡）、宮里小書店（那覇）など、個性豊かな書店が既に許多ある。しかし、本書の著者は、韓国の出版市場には日本の未来が映し出されており、韓国は「一種の壮大な社会実験を日本に先駆けて行なってくれているのではないか」と喝破する。これは炯眼である。この着眼は、言ってみれば、韓国を日本の通時的なアロモルフと見倣し、そこから日本の来たるべき姿を予見するということである。このような定点に立った取材研究は他の領野においてももっとなされてよい。

日本でも韓国でも、従来の書店はオンライン書店に擠排され、紙の本は電子メディアの侵襲によってその恒常性が破綻させせられつつある。とりわけ、電子ガジェットが陸続と目紛るしく市場を席捲する、いかにも新奇性探索傾向の高い人々が多そうなＩＴ先進国韓国という地においては、オフライン書店や紙の本は日本以上に危機に瀕しているに違いないというのが一般的なイメージであろう。そのイメージはある程度正しいと思われるが、本書を読むと、必ずしもそうではないということが分かってくる。詩人が経営する詩集専門の書店、猫関連書籍専門店、読書会に特化した本屋、カウンセリング書店など、創意に富んだ書肆がいくつも紹介され、各店主へのインタビューからは、熱い志と希望の余蘖が犇々と伝わってくる。また、インディペンデント系の書店のみならず、教保文庫のような大型書店や洒脱なブックカフェ、喫茶店、編集者、坡州出版都市などについても幅広く取材、言及されており、韓国、分けてもソウル首都圏の書店出版関連のトピックスが網羅的に俯瞰できるような結構になっている。

本書の著者も言うように、韓国の本好きは、日本の本屋にも通達している。一方、日本の本好きは、一般に韓国の本屋には明るくないのではなかろうか。抑々韓国が本屋ブームであるということ自体が日本ではほとんど認知されていない。こうした非対称性に私はこれまである種の違和を感じてきた。本書によって、日本語圏の人々の、韓国の書肆界への関心が誘起され、それが韓流の新たなるかたちへと変転することを密かに期待している。

本書で主に扱われているような、謂わば「おしゃれ系書店」では、本それ自体だけでなく、カフェを併設していたり、内装の意匠に凝っていたり、諸々のイベントを催したり、と書店の本態的な機能から懸隔したところにも多く意が用いられている。中には、こうした種々の仕掛けを評価しない硬派な方もおられよう。それよりも本そのものの品揃えをもっと充実させるべきではないかと。しかし、本にコンテンツを伝える媒質という記号論的側面のみならず、装幀などの身体性があり、その書物固有の物質性が、ある種のフェティシズムと文化を生んできたように、書店にも単に本を売買するという商業的職能を超えた何かがある。愛書家＝ビブリオフィリアが手沢本や稀覯本の佇まいを愛でるように、本屋というトポス、空間を好む層もいるであろう。世の知性を劣化させないためにも、書店が魅力的であることは極めて重要である。韓国と日本の書肆界が向後いかなる道を辿っていくのか、本書を座右に置きつつ、その帰趨を嘱目したい。

ひろば／マダン

韓国学界における遺民墓誌研究の現況
――最近刊行された資料集の比較を中心に

植田喜兵成智

一　近年における研究の隆盛

最近、韓国学界において遺民の墓誌に対する関心が高まっている。歴史系の学術誌に特集が組まれ、さらには遺民をテーマにしてシンポジウムや国立博物館の特別展が開催された。このように遺民墓誌研究は、古代史分野において一種の流行の様相を呈している。

ここでいう遺民とは、いわゆる百済と高句麗の遺民のことを指す。彼らは、もともと百済や高句麗に属する百姓であったが、自国の滅亡後、ある者は唐に、ある者は日本列島に移住し、あるいは朝鮮半島に残り新羅に吸収された。本稿でも、こうした元百済人・高句麗人のことを百済遺民、高句麗遺民と呼び、さらに彼らを総称して遺民とする。なお、韓国の学界では、楽浪郡や帯方郡出身で、両郡が高句麗に滅ぼされたのち、中国王朝に仕えた者や高句麗・百済に仕えた者のことも、楽浪遺民、帯方遺民と呼称することもあるが、本稿ではこれを取り扱わない。

さて、研究の隆盛に応じて、韓国では遺民墓誌を収録した資料集や本格的な訳注（以下、資料集と呼称）が出版された。資料集の刊行は、研究の進展に寄与するものと考えられるが、各資料集は収録する史料の重複も多く、内容も類似している。したがって、今後の研究の便宜も考慮したとき、各資料集の特徴を把握しておく必要がある。そこで本稿では、現在に至るまでの遺民の研究史を概観し、近刊の資料集『韓国古代文字資料研究（百済篇）』、『中国所在韓国古代金石文』、『中国出土百済人墓誌集成』を比較検討する。

二　遺民史研究の動向

まず現在の遺民史研究の現況を客観的に把握するため、過去の研究動向の推移を確認してみよう。【表1】は韓国において遺民研究の専論や資料集がどれくらい発表されたのかを年代・分野別に整理したものである。この整理したデータに基づくと、以下のように研究史を六段階に区分することができる。

第一段階は、二〇世紀前半の遺民墓誌が発見された初期である。この時期の研究は、中国での史料発見やそれを紹介した日本の研究者のものであるため、厳密にいえば韓国の学界動向ではない。一九二〇年代には扶余隆、泉男生などの墓誌の発見が伝えられるなど、史料紹介が中心であった。一方で、遺民の活動に焦点をあてた研究もあったものの、遺民墓誌を研究に活用したわけではなかった。したがって、この段階では遺民墓誌研究はまだ始まっていなかったといえる。

第二段階は、解放後から一九九〇年以前までの時期で、遺民に関する研究は低調であった。日本におけるこの時期の遺民に関する研究としては、小高句麗国の研究などがあるが、以降、遺民に関する論稿が発表されなくなった。一方、韓国においては李丙燾氏によって、唐が高句麗遺民の勢力を削ぐために実施した徙民政策の実態について論じたものが発表された［李丙燾　一九六四］。これが韓国最初期の遺民史の論文である。さらに十数年後、「遺民史研究」と題した盧泰敦氏の論文が発表された。高句麗遺民をその移住した地域ごとに分類して、その実態を分析したもので、泉男生一族の墓誌にも言及があり、韓国学界における初めての本格的な遺民研究の論文である［盧泰敦　一九八一］。

このように散発的に高句麗遺民に関する研究が発表されていたものの、未だ遺民墓誌を本格的に活用したものはなかった。『韓国金石文追補』や『韓国金石全文』などの資料集には、ごく一部の遺民墓誌の判読文が紹介されているだけであり、研究環境の整備が不十分な状況であった。

第三段階は、一九九〇年代の黒歯常之に関する研究が行われた時期で、いよいよ遺民墓誌研究と呼ぶべきものが登場した。黒歯常之研究には二つのタイプがある。黒歯常之の墓誌と列伝を対照させながら黒歯常之の業績を復元するものと、黒歯常之墓誌に記述された百済史に関連する記述を手掛かりに、百済の制度や社会を把握しようとするものである。後者のように、遺民の墓誌を、朝鮮古代史の史料不足を補完するものとして活用する手法は、遺民墓誌研究の常道となっていく。

表1　韓国学界における遺民研究の年度別動向

	刊行資料集名	百済	高句麗	両者	その他	特記事項
1920頃						扶余隆、泉男生、泉男産、高慈墓誌が洛陽で発見
1923	(『朝鮮金石総覧』)					『朝鮮金石総覧』補遺に扶余隆墓誌が掲載
…						
1937	(『唐代海東藩閥誌存』)					
…						
1964			1			李丙燾「高句麗の一部流民に対する唐の抽戸政策」発表
1965			2			
…						
1968	『韓国金石文追補』					
…						
1981			2			盧泰敦「高句麗遺民史研究 — 遼東・唐内地および突厥方面の集団を中心として —」発表
…						
1984	『韓国金石全文』					
…						
1986	(『曲石精廬藏唐墓誌』)					中国で黒歯常之墓誌が初めて資料集収録
1987						
1988			1			
…						
1989	(『北京図書館藏中國歷代石刻拓本匯編』)					
1990						
1991	(『隋唐五代墓誌滙編』)	2				黒歯常之研究が登場
1992	『訳註韓国古代金石文』					
1993						
1994			1			
1995	『韓国古代金石文資料集』	1				
1996						
1997		2	1			
1998			1			
1999						
2000		1	3			
2001	(『唐代墓誌彙編』)		2			
2002					1	中国・東北工程本格的始動
2003		1	2		1	
2004			2			
2005	『中国所在高句麗関連金石文』		1			
2006					1	
2007		3	2			祢寔進墓誌発見

2008		2	3			
2009		2	3			
2010	『金石文資料(三国時代)』		3		1	
2011						
2012		6			1	祢軍墓誌発見
2013		4	2		1	
2014	『韓国金石文集成』	8	1	5	2	『韓国古代史研究』特集「百済・高句麗遺民墓誌銘の検討」
2015	『韓国古代文字資料研究』『中国所在韓国古代金石文』	3	7			韓国歴史学研究会シンポジウム「唐代墓誌銘を通して見た百済・高句麗遺民一族の動向」 韓国古代史探究会シンポジウム「泉男生墓誌の新しい理解」 国立公州博物館特別展「百済の後の百済」
2016	『中国出土百済人墓誌集成』	1	8	1		『歴史と現実』101号特集「唐代墓誌銘を通して見た百済・高句麗遺民一族の動向」『韓国古代史探究』22号特集「泉男生墓誌の新しい理解」 東北亜歴史財団シンポジウム「古代東アジアの石刻研究の新たな方向」 韓国古代史探究会シンポジウム「扶余隆墓誌の新しい理解」
2017		6	6	1		『韓国古代史探究』25号特集「扶余隆墓誌の新しい理解」

・韓国の論文検索サイトDBpia、Kissなどで「遺民」をキーワードして検索した結果と、過去の論文で引用された文献を整理したデータに基づいている。
・「両者」については、百済・高句麗遺民を両方扱った論文を、「その他」については、いずれにも該当しないが、遺民と関連する論文を分類した。
・同一内容の論文が後年、著作集などに再集録されている場合、初出の年度に配した。
・個別の論文と資料集の書誌情報については別表「韓国遺民研究文献目録」参照。

また墓誌に関する研究が始まった背景には史料を活用できる環境の整備が進んだことがある。中国において、一九八〇年代後半から『曲石精廬藏唐墓誌』、『北京図書館蔵中国歴代石刻拓本滙編』、『隋唐五代墓誌滙編』などの黒歯常之墓誌をはじめとした拓本を網羅した資料集が刊行されると、韓国の学界でも『訳注韓国古代金石文』が刊行され、遺民墓誌に対して初めて本格的な訳注が施された。

第四段階は、二〇〇〇年代前半の主に高句麗遺民に関する研究が増加した時期である。この時期に高句麗遺民に関する研究が増加した背景には、中国で二〇〇二年に東北工程が本格的に始動したことで、高句麗に対する関心が過熱したことも関係すると思われる。実際、中国社会への融合を主張する中国研究者を批判し、高句麗遺民のアイデンティティが当時の唐人とは区別されるものであるという見解も提起された［金賢淑 二〇〇四］。こうしたアイデンティティ問題を議論する史料としても、遺民墓誌史料は活用される。

同時に、中国出土の墓誌史料に対する関心は韓国学界で高まりつつあった。当時、中国から韓国に留学していた拝根興氏や、尹龍九氏は、遺民だけではなく、朝鮮半島との外交交渉や戦役に参加した唐人の墓誌を紹介している［拝根興　二〇〇二、尹龍九　二〇〇三］。二〇〇一年に中国で唐代墓誌の判読文を掲載した史料として『唐代墓誌彙編』が刊行され、墓誌史料の研究への活用が簡便になったこととも関連するのだろう。

第五段階は、祢寔進墓誌発見以降の二〇〇〇年代後半の時期である。二〇〇七年に百済遺民の祢寔進墓誌が発見されると、遺民史研究は大きな転換点を迎える。墓誌によると、祢寔進は、百済出身で滅亡後に唐に仕えた人物である。両『唐書』の蘇定方伝に、義慈王に唐への降服を進めた人物として祢植という人物が見え、祢寔進がこれと同一人物と考えられた。かくして、祢寔進に関する論稿や、百済滅亡過程を論じる研究が増加し、百済遺民研究に墓誌が活用されるようになった。

第六段階は、二〇一一年の祢軍墓誌発見以降から現在に至るまでの時期である。「日本」の文字が確認されたことで知られた祢軍墓誌および祢氏一族の墓誌の出現以降も続々と発見が続き、百済遺民の墓誌および関連する石刻は一二点に達した。また高句麗遺民墓誌の出土も連年伝えられ、点数には諸説あるが、最大二八点を数えるまでになっている。

こうした史料の増加にともなって、墓誌に現れた官職や事績に基づいて、唐の支配下における遺民の活動や、祖先に対する記述の変化に注目したアイデンティティの変容に関する研究がさらに進展した。そして、唐に帰属した第一世代の墓誌には、祖先の系譜および百済や高句麗本国での官職や事績が記されており、それらの記事から百済・高句麗の官制や地方行政制度などを明らかにする試みが進展し、現在の韓国古代史学界で連年遺民墓誌が発表される状況となった。

以上のような動向を経て、遺民の研究は現在の隆盛を迎え、二〇一五年以降、各種の資料集が刊行されることになったのである。

三　各資料集の性格と特徴

1　概観

現在、韓国で刊行された、遺民墓誌を収録した資料集は、管見のかぎり、一〇種類確認できる。それらを体裁と形式がわかるように整理したものが【表2】である。

【表2】を見てわかるとおり、早くに出版された『韓国金石文追補』、『韓国金石全文』は、判読文こそ掲載されているものの、詳しい解説や訳注は施されていない。

表2　各資料集の形式

資料集名（刊行年）	拓本写真	解題	判読文	校訂	現代語訳	注釈・語釈	参考文献	用語索引	データベース
『韓国金石文追補』（1968）			○						
『韓国金石全文』（1984）			○						
『訳註韓国古代金石文』（1992）		○	○		○	○	○		○
『韓国古代金石文資料集』（1995）			○	○			○		○
『中国所在高句麗関連金石文』（2005）	△（一部）		○	○				○	○
『金石文資料（三国時代）』（2010）	○	○	○						
『韓国金石文集成』（2014）	○	○	○	△（一部）	○	○	○		
『中国所在韓国古代金石文』（2015）			○		○	○	○		
『韓国古代文字資料研究』（2015）	○	○	○	○	○	○	○		
『中国出土百済人墓誌集成』（2016）	○	○	○	○	○	○	○		

一九九二年に刊行された『訳註韓国古代金石文』においてはじめて本格的な訳注が行われた。その後に刊行された『韓国古代金石文資料集』、『中国所在高句麗関連金石文』は、現代語訳や注釈はない。前者は判読文のみが、後者は判読文と一部の墓誌拓本写真が掲載されている。国立中央博物館から『金石文資料（三国時代）』も刊行されるが、扶余隆墓誌と泉男生墓誌の拓本写真が収録されただけである。このように多くの資料集には拓本写真は掲載されてこなかった。

　状況に変化が見えたのは、二〇一四年の『韓国金石文集成』高句麗篇・百済篇の出版からである。この資料集は、三国時代から高麗時代に至るまでの古代朝鮮と関連する金石文を網羅的に収録する。遺民墓誌の拓本写真も掲載され、かつ『訳註韓国古代金石文』以来の全面的な訳注も掲載された。

　ところで、【表3】は遺民墓誌の収録状況を資料集別に整理したものである。これをみると、『韓国金石文集成』は、百済遺民は六点、高句麗遺民は五点しか収録されていない。たしかに当時未発見の墓誌があったとはいえ、遺民墓誌の研究に利用する資料集としてやや不足する。

　二〇一五年には『韓国古代文字資料研究（百済篇）』が出版された。これは、韓国木簡学会の部会が行っている韓国古代文字資料研究班の成果が基になっている。百済遺民墓誌を含む百済関連の金石文や木簡に対する判読文、現代語訳、注釈を収録する。

その翌年に出た『中国出土百済人墓誌集成』は、研究史上初の遺民墓誌を専門とした資料集である。遺民墓誌を韓国学界に精力的に紹介してきた金栄官氏や、その他遺民に関する論稿を発表した経験のある若手研究者も参加している。また中国で遺民墓誌を研究する拜根興氏や張全民氏からの寄稿もある。

上掲の『韓国古代文字資料研究』と『中国出土百済人墓誌集成』は、【表3】を見てもわかるとおり、百済遺民の墓誌を網羅的に収録し、かつ【表2】で示したように、拓本写真もすべて掲載されていることから、資料集として実用性が高い。この二つの資料集は、『訳註韓国古代金石文』に代わって新たに参照されるべき訳注となる可能性がある。

一方、二〇一五年に刊行された『中国所在韓国古代金石文』は、やはり中国出土の朝鮮古代関連墓誌の紹介を行ってきた権悳永氏と、韓国学中央研究院の研究者が中心になって訳注作業を行った資料集である。遺民墓誌はもちろん、百済や高句麗との戦役に参加した唐人の墓誌など、朝鮮半島と関連した唐人墓誌も収録されており、墓誌の収録点数は圧倒的である。ただし、収録墓誌のうち全文が掲載されているのは遺民墓誌のみであり、ほとんどの墓誌は部分掲載である。しかし、部分掲載とはいえ、遺民以外の墓誌も紹介している点は非常に意義深い。韓国学界では、遺民にのみ関心が集まっていたため、唐代墓誌全体のなかで遺民墓誌がどのように位置づけられるのかという視角が欠けていた。こうした不足を補いうる可能性が『中国所在韓国古代金石文』にはあると考えられる。

以上のように、遺民墓誌を収録した資料集としては、近年刊行された『韓国古代文字資料研究』、『中国出土百済人墓誌集成』、『中国所在韓国古代金石文』が代表的なものとなる。そこで、各資料集の特徴を明らかにするため、上掲三つの訳注と、既存の『訳註韓国古代金石文』を比較検討したい。

2　比較

(1)『訳註韓国古代金石文』

訳注の比較にあたっては、百済遺民である黒歯俊の墓誌を対象とする。この墓誌を選んだ理由は、第一に、長さが適切であること、第二に、構成が典型的な唐代墓誌であること、第三に、比較する四つの資料集すべてに掲載されているためである。

『高句麗関連』	『金石文資料』	『集成』（原文／翻訳文）	『中国所在』	『文字研究』	『百済集成』
		② p.113/p.61	p.48		
			p.66		
p.288			p.388		
p.375	① p.148	② p.58/p.38	p.507		
p.88		② p.122/p.65	p.94		
p.82			p.71		
			p.82		
p.79		② p.96/p.52	p.58		
p.382			p.527		
p.372			p.501		
			p.43		
p.380		② p.133/p.71	p.522		
			p.372		
p.204			p.283		
p.125			p.159		
			p.51		
			p.396		
			p.100		
p.77			p.45		
p.75			p.41		
			p.340		
			p.126		
p.86			p.78		
p.147			p.202		
		③ p.90/p.56	p.616	下 p.437	p.189
		③ p.101/p.60	p.602	下 p.411	p.203
p.145	① p.202	③ p.31/p.26	p.589	下 p.335	p.87
				下 p.473	p.265
		③ p.43/p.33	p.629	下 p.379	p.145
		③ p.63/p.44	p.641	下 p.397	p.171
			p.609	下 p.453	p.223
p.106			p.571	下 p.493	p.295
			p.581	下 p.351	p.109
			p.619	下 p.465	p.249
		③ p.72/p.51	p.579	下 p.617	p.317
			p.588	下 p.637	p.331

表3　収録墓誌一覧

	遺民属性	姓名（生没年）	『追補』	『全文』	『訳註』	『資料集』
1	高句麗遺民	高鐃苗（?～673）				
2		高提昔（649～674）				
3		李他仁（609～675）				
4		泉男生（634～679）	p.255	古代 p.82	① p.491	p.411
5		高玄（642～690）				
6		高英淑（633～691）				
7		高足酉（626～695）				
8		高牟（640～694）				
9		高質（626～700）				
10		高慈（665～700）	p.259	古代 p.109	① p.509	p.456
11		泉献誠（634～679）	p.261	古代 p.114	① p.518	p.436
12		高乙徳（618～699）				
13		泉男産（639～701）	p.263	古代 p.121	① p.528	p.428
14		高木盧（650～730）				
15		泉毖（708～729）	p.264	古代 p.133	① p.536	p.450
16		李仁徳（673～733）				
17		王景曜（680～734）				
18		李隠之（655～705）				
19		豆善富（684～741）				
20		高遠望（697～740）				
21		李懐（677～745）				
22		高欽徳（677～733）				
23		高氏夫人（731～772）				
24		高徳（676～742）				
25		劉元貞（?～744）				
26		南単徳（699～776）				
27		高震（697～740）	p.266	古代 p.143	① p.541	p.463
28		似先義逸（786～850）				
1	百済遺民	祢寔進（615～672）				
2		祢軍（613～678）				
3		扶余隆（615～682）	p.258	古代 p.104	① p.545	p.468
4		陳法子（614～689）				
5		黒歯常之（630～689）			① p.554	p.474
6		黒歯俊（676～706）			① p.569	p.484
7		祢素士（?～708）				
8		難元慶（663～734）				
9		扶余太妃（690～738）				
10		祢仁秀（675～727）				
11		勿部珣功徳記			① p.577	p.488
12		一文郎将妻扶余氏造像記				

まず『訳註韓国古代金石文』の判読文を見ると、中国で刊行された北京図書館所蔵（当時）の拓本写真に依拠した李文基の判読案を基にしていることがわかる。その判読文に関して以下の七か所に着目して、他の資料集と比較してみよう。この七か所に注目すると、四つの資料の関係性が見えてくる。

A 6行目「□臺時叙」
（□台が時にかなって秩序が安定した）

B 7行目「材冠孤旺」
（その才能は他の才能ある者よりもとびぬけていた）

C 10行目「從梁王婆西道行」
（梁王武三思に従って西道へ従軍した）

D 13行目「俄從北升之名」
（突然、北邙山に登る隊列に従うことになった）

E 18行目「紀餘恨於□玉」
（□玉に余恨を記録しようとする）

F 20行目「西戎孤□」
（西戎の孤独な□であり）

G 22行目「卑勵淸貞、孝哉今嗣」
（父の名声を貶めることがないとは、孝行な息子であることよ）

B、C、D、Gは、訳者なりの解釈が提示されているが、Bの「旺」、Cの「婆」、D「北升之名」については、詳細な注釈がなく、解釈の根拠の提示も不明瞭である。またA、E、Fについては、判読が不完全なため、翻訳も完全ではない。このように、訳注としては不充分な面が残されていた。

⑵『韓国古代文字資料研究』

『韓国古代文字資料研究』の特徴は、詳しい校訂が付されている点と、文字の判読過程を丁寧に説明している点にある。実際、文字の形態や異体字の判定に関しては、すべての資料集のなかでもっとも詳細である。

『訳註韓国古代金石文』と比べると、判読文に大きな変更点はない。ただし、その判読の根拠が詳しく説明されている。また注釈についても、研究の進展にあわせて更新されたところもある。たとえば、「景午」という干支が墓誌中にみられる。これは、干支であることから「丙午」と表記されていなくてはならない部分である。この注釈として、『訳註韓国古代金石文』では「火の気が勝る日であるため、それを避けるために別の字に置き換えた」と推測している。しかし、墓誌の研究が進展したことで、「景午」が唐の高祖の祖父・李昞の諱を避けて「丙」を「景」に改めたという常識（『避諱挙例』巻二）が共有され、『韓国古代文字資料研究』の注釈でもその見解が反映されていた。

一方、墓誌の翻訳文については、『訳註韓国古代金石文』と比べても、あまり大きな変化がなく、中国や日本において墓誌に対する研究が進展している状況を鑑みると、やや物足りなさを覚える。特に文字の判読に執着するあまり、墓誌全体の文脈を把握することに難がある。たとえば、Dの「北升」の解釈である。この「升」の文字は、たしかに「昇」の異体字として確認できるのだが、「北昇」では意味が通らない。そのうえ、対句の「西漢」が銀河を意味することから、「北升」も天文に関連する語の可能性が高い。これらの点を考慮すると、Dのこの語は「北升」ではなく「北斗」であると考えられる。実際、「升」と「斗」の異体字は似ており、両者の字形からの区別は難しく、墓誌全体の文脈から判断する必要がある。解釈と文字の判定が連動しなければならない箇所に本資料集の弱点が現れる。

(3)『中国出土百済人墓誌集成』

『中国出土百済人墓誌集成』も、その解釈は『訳註韓国古代金石文』の流れを汲む。ただ、形式や体裁が独特で、見開きの左側に判読文と校訂、右側に現代語訳と注釈があり、両者を対照しながら参照できる。そして、後発の資料集として既刊の資料集の誤りや不十分な点を訂正、再解釈しようと試みている。

たとえばC「従梁王[將/女]西道行」は、文章として非常に難解で、これまでの訳注では「[將/女]」を訳出してこなかったが、本資料集では、「奨」の異体字とみなし、「梁王に従って、西へ行く征討軍の行動を助けた」と解す。またF「西戎孤□」の判読不能となっていた文字を「臣」とみなし、G「卑勵清貞、孝哉今嗣」の「卑」を「早」としている。これらの判読は、拓本写真を凝視すると、妥当であることがわかるうえに、F「西戎の孤独な臣下」、G「早くから父の名声を貶めない」というように文意も理解できる。

ところで、本訳注の判読の底本となった拓本は北京図書館蔵拓本と見られる。しかし、資料集に掲載された拓本は、毛漢光『唐代墓誌彙編附考』所載の拓本写真である。実は、北京図書館蔵拓本と毛漢光蔵拓本は別種のものらしく、文字の見え方もかなり異なる。上記の新たに提示された判読部分についても、この毛漢光蔵拓本の写真を見ると正しいことがわかる。だからといって、本訳注が毛漢光蔵の拓本を参照したとは考えづらい。毛漢光の拓本であれば、A「□臺時叙」の未判読部分は「星」と判読でき、Cの「[將/女]」の部分は上部に草冠が確認でき、「奨」の異体字とは読めず、むしろ「孽」に近い字に見えるからである。

付言すると、中国で刊行された『洛陽銘刻文献研究』に収録された拓本写真は、さらに別種の拓本のようで、Aの

「星」、Fの「臣」、Gの「早」の字画をより明瞭に確認できる。こうしたことから、いままでの訳注作業では拓本の対校作業が充分に行われていなかったことがわかる。今後、さらなる精度の高い文字判読や訳注を行うためには、こうした作業に更なる注意を要するだろう。

(4)『中国所在韓国古代金石文』

最後に『中国所在韓国古代金石文』を見てみよう。本書には史料ごとの解題はなく、すぐに判読文から始まる構成である。また校訂が付されていない史料もあり、詳細さという点においては他の資料集より見劣りする。また訳注の分担者ごとに体裁の統一が不徹底なところも目につく。

さて、『訳註韓国古代金石文』の内容と比較してみると、本資料集は、その影響も受けていると思われるが、判読文や注釈の内容が大きく異なり、別系統の訳注であるといえる。判読案の異なる点に下線を付してA～Gを示すと、次のとおりである。

A6行目「□臺時叙」
（□台が時運が順調である）

B7行目「材冠孤臣」
（その才覚は孤臣のなかでとびぬけていた）

C10行目「従梁王孽西道行」
（梁王に従い変乱を起こした西道に従軍し）

D13行目「俄従北斗之召」
（「突然、北斗星の呼びかけに従うことになった」

E18行目「紀餘恨於珪玉」
（美しい玉に余恨を記録し）

F20行目「西戎孤臣」
（西戎の孤独な臣下）

G22行目「早勵清貞、孝哉令嗣」
（早くから清く堅い心性を備えることに力を尽くし、孝行なる子息はその名声を落とさなかった）

判読文については、本訳注がどの拓本に依拠したものであるか明示されていないことが惜しいものの、右のように判読したことによって文意が明瞭になった箇所がある。たとえば、Dに対しては、「北升」ではなく「北斗」と判読するのが適切であると前述したように、本訳注でもそのようにみなし、この語を死の婉曲表現と理解する。またGに対しては、「卑」ではなく「早」、さらに「今嗣」ではなく「令嗣」と判読している。「早」については前述したため繰り返さない。「令嗣」については、従来「今嗣」と判読しながら子息の意味で解釈してきた。しかし、「今嗣」では漢語として成立しえない。亡父の美称である「皇考」と対句の関係にあることから、子息の美称である「令嗣」と判読するのが妥当である。

　一方、黒歯俊墓誌の判読文をよくみると、文意の通らない箇所がある。たとえば、14行目「神龍二年五月入三日」の「入」と18行目「庶碑子之生金」の「子」である。これらはそれぞれ「廿」と「字」の誤字とみられる。恐らく朝鮮語の発音が同様の「입」と「자」であったために生じたタイプミスと考えられる。他の資料集にも文字の判読の誤りは存在したが、このようなタイプミスレベルの誤字はほとんど見当たらない。タイプミスは、黒歯俊墓誌訳注だけではなく、他の墓誌史料の訳注にも見られる。それゆえ、中国で刊行された『唐代墓誌彙編』や別の資料集の判読文と対照しなければならず、この点が本資料集の価値を著しく損なわせている。

　とはいえ、本資料集には他にない有用な点もある。それは、各史料に小見出しがついている点である。テーマ別に関連する資料を検索する際に役立つ。たとえば、高句麗に関連した人物の墓誌を検索したい場合、「六一一年高句麗との戦争に参加した」、「安東都護府に赴任」などの小見出しから迅速に検出することができる。ただし、遺民以外の墓誌は全文が掲載されていないことから、最終的には全文と拓本写真などが掲載された別の資料集を参照する必要がある。

　以上のように、各資料集には特徴があり、一長一短がある。『韓国古代文字資料研究』と『中国出土百済人墓誌集成』は、『訳注韓国古代金石文』を踏襲しつつ、その内容を改良させている。一方、『中国所在韓国古代金石文』は、これまでの資料集とは異なる観点から遺民墓誌を取り扱い、新たな解釈を示す。こうした各資料集の性格をふまえて個別の研究に活用することが望ましいと考えられる。

　また研究史を概観してわかるとおり、遺民墓誌を朝鮮古代史史料として活用するようになったのはつい最近のことであり、かつ遺民史研究自体が盛んになったのはこの数年のことである。こうした意味で発展途上の研究分野であり、遺民墓誌をどのように研究に活用すべきかは、その方法論とあわせて検討されなければならない。

韓国遺民研究文献目録

《資料集》年代順

李蘭暎編『韓国金石文追補』中央大学校出版部、一九六八
許興植編『韓国金石全文』亜細亜文化社、一九八四
韓国古代史研究会編『訳註韓国古代金石文』駕洛国史蹟開発研究院、一九九二
国史編纂委員会編『韓国古代金石文資料集』国史編纂委員会、一九九五
高句麗研究財団編『中国所在高句麗関連金石文』高句麗研究

財団、二〇〇五
『金石文資料（三国時代）』国立中央博物館、二〇一〇
李宇泰編『韓国金石文集成　一・三』韓国国学振興院、二〇一四
郭承勲・権悳永・権恩姝・朴賛興・卞麟錫・辛鍾遠・梁銀景・李錫炫編『中国所在韓国古代金石文』韓国学中央研究院、二〇一五
韓国木簡学会『韓国古代文字資料研究（百済篇）』周留城、二〇一五
忠清南道歴史文化研究院『中国出土百済人墓誌集成』忠清南道歴史文化研究院、二〇一六

【中国】
毛漢光編『唐代墓誌銘彙編附考』台湾商務印書館、一九八四
李希泌編『曲石精廬藏唐墓誌』斉魯書社、一九八六
北京図書館金石組編『北京図書館蔵中国歴代石刻拓本滙編』中州古籍出版社、一九八九
洛陽古代芸術館編『隋唐五代墓誌滙編』天津古籍出版社、一九九一
周紹良編『唐代墓誌彙編』上海古籍出版社、一九九二

《研究書・論文》年代順　同年発表のものは「가나다라順」
①高句麗遺民
李丙燾「高句麗의 一部 流民에 대한 唐의 抽戸政策」『震檀学報』二五・二六・二七、一九六四
閔泳珪「高仙芝—파미르 서쪽에 찍힌 한국인의 발자국」『한국의 인간상 二』新丘文化社、一九六五
李龍範「高仙芝」『人物韓国史 一』博友社、一九六五
盧泰敦「高句麗 遺民史 研究—遼東・唐内地 및 突厥方面의 集団을 중심으로」（『韓沽劤博士停年紀念史学論叢』知識産業社、一九八一）
金文経「唐代 外民의 内徙策—특히 高句麗遺民의 内徙策을 중심으로」（『論文集』一一、崇田大学校附設人文科学研究所、一九八一、『唐 高句麗遺民과 新羅僑民』日新社、一九八六再録『唐代의 社会과 宗教』崇実大出版部、一九九六再録）
申瀅植「統一新羅에 있어서의 高句麗遺民의 動向」『韓国史論』一八、一九八八
金壽泰「統一 新羅의 高句麗遺民支配」『李基白先生古稀紀念韓国史学論叢（上）古代・高麗時代編』、一潮閣、一九九四
梁炳龍「羅唐戦争 進行過程에 보이는 高句麗遺民의 対唐戦争」『史叢』四六、一九九七
宋基豪「고구려 유민 高玄 墓誌銘」『서울대학교 박물관연보』一〇、一九九八
文暻鉉「고선지」・「리정기」『세계사를 바꾼 한국인』형설출판사、二〇〇〇
池培善「고구려인 李正己의 발자취」『東方学志』一〇九、二〇〇〇
池培善「고구려인 高仙芝（一）・（二）」『東方学志』一一〇・一一二、二〇〇〇・二〇〇一
金賢淑「中国所在 高句麗遺民의 동향」（『韓国古代史研究』二三、二〇〇一）
김종복「고구려 멸망 이후 당의 지배 정책—안동도호부를 중

심으로」『史林』一九、二〇〇三
林起煥「報徳考」『講座 韓国古代史』一〇、駕洛国史蹟開発研究院、二〇〇三
김종복「渤海의 건국과정에 대한 재고찰」『韓国古代史研究』三四、二〇〇四
金賢淑「고구려 붕괴 이후 그 유민의 거취 문제」『韓国古代史研究』三三、二〇〇四
姜炅求「高句麗 復興運動의 新考察」『韓国上古史学報』四七、二〇〇五
宋基豪「고구려 유민 高氏夫人 墓誌銘」『韓国史論』五三、二〇〇七
趙仁成「고구려의 멸망과 부흥운동의 전개」『고구려의 정치와 사회』東北亜歴史財団、二〇〇七（田中俊明監訳『高句麗の政治と社会』明石書店、二〇一二収録）
拜根興「고구려・발해 유민 관련 유적・유물」『중국학계의 북방민족・국가연구』東北亜歴史財団、二〇〇八
鄭炳俊「高句麗 遺民 研究」『중국학계의 북방민족・국가연구』東北亜歴史財団、二〇〇八
李東勲「高句麗遺民『高徳墓誌銘』」『韓国史学報』三一、二〇〇八
閔庚三「中国 洛陽 신출토 古代 韓人 墓誌銘 연구—高質 墓誌銘을 중심으로」『新羅史学報』一五、二〇〇九
李廷斌「고연무의 고구려 부흥군과 부흥운동의 전개」『역사와 현실』七二、二〇〇九
鄭炳俊「唐朝의 高句麗人軍事集団」『東北亜歴史論叢』二四、二〇〇九
김종복「백제와 고구려 고지에 대한 당의 지배 양상」『역사와 현실』七八、二〇一〇
拜根興「唐 李他仁 墓誌에 대한 몇 가지 고찰」『忠北史学』二四、二〇一〇
李文基「墓誌로 본 在唐 高句麗 遺民의 祖先意識의 變化」『大邱史学』一〇〇、二〇一〇
김강호「六七九—六八一년 宝蔵王의 高句麗 復興運動」『역사교육논집』五〇、二〇一三
安政焌「『李他仁墓誌銘』에 나타난 李他仁의 生涯와 族源 검토」『木簡과 文字』一一、二〇一三
김수진「당으로 이주한 고구려 포로와 지배층에 대한 문헌과 묘지명의 기록」『한국 고대사 연구의 자료와 해석（노태돈 교수 정년기념논총 二）』사계절、二〇一四
葛継勇「신출토 入唐 고구려인『高乙徳墓誌』와 고구려 말기의 내정 및 외교」『韓国古代史研究』七九、二〇一五
楼正豪「高句麗遺民 李隠之 家族의 出自 의식에 대한 考察」『韓国古代史研究』二一、二〇一五
安政焌「『豆善富 墓誌銘』과 그 一家에 대한 몇 가지 검토」『人文学研究』二七、二〇一五
安政焌「『李他仁墓誌銘』탁본 사진의 발견과 새 판독문」『高句麗渤海研究』五二、二〇一五
李成制「어느 고구려 무장의 가계와 일대기—새로 발견된『高乙徳墓誌』에 대한 訳註와 분석」『中国古中世史研究』三八、二〇一五
장병진「새로 소개된 고구려 유민『南単徳』묘지명에 대한 연구」『高句麗渤海研究』五二、二〇一五

최재도「漢城의 高句麗国 再検討」『東北亜細歴史論叢』四七、二〇一五
金栄官・曺凡煥「고구려 泉男生 墓誌銘에 대한 소개와 연구현황」『韓国古代史探究』二二、二〇一六
김진한「高句麗 滅亡과 淵蓋蘇文의 아들들」『韓国古代史探究』二二、二〇一六
박승범「淵蓋蘇文 가문의 家系 기록 검토」『韓国古代史探究』二二、二〇一六
安政焌「唐代 묘지명에 나타난 중국 起源 고구려 遺民 一族의 현황과 그 家系 기술—고구려 유민의 개념과 범주에 대한 제안」『역사와 현실』一〇一、二〇一六
이규호「당의 고구려 유민 정책과 유민들의 동향」『역사와 현실』一〇一、二〇一六
李廷斌「『천남생 묘지』에 보이는 将軍과 七세기 고구려의 군사 운용」『韓国古代史探究』二二、二〇一六
장병진「당의 고구려 故地 지배 방식과 遺民의 대응」『역사와 현실』一〇一、二〇一六
장병진「『泉男生墓誌』의 역주와 찬술 전거에 대한 고찰」『高句麗渤海研究』五五、二〇一六
김강훈「고구려 멸망 이후 扶餘城 圏域의 부흥운동」『大邱史学』一二七、二〇一七
金栄官「高句麗 遺民 南單徳 墓誌銘에 대한 연구」『百済文化』五七、二〇一七
余昊奎・李明「高句麗 遺民〈李他仁墓誌銘〉의 재판독 및 주요 쟁점 검토」『韓国古代史研究』八五、二〇一七
이민수「高句麗 遺民 李他仁의 族源과 柵城 褥薩 授與 배경에 대한 고찰」『大邱史学』一二八、二〇一七
李成制「高句麗 遺民의 遼西지역 世居와 존재양상—〈高英淑墓誌〉의 訳註와 분석」『中国古中世史研究』四六、二〇一七
曹凌「고구려의 멸망에서 나당전쟁 발발로」『中国古中世史学会』四四、二〇一七

②百済遺民

李道学「百済 黒歯常之墓誌銘의 検討」『郷土文化』六、一九九一（『백제 사비성 시대 연구』일지사、二〇一〇再録）
李文基「百済 黒歯常之 父子 墓誌銘의 検討」『韓国学報』六四、一九九一
梁起錫「百済 扶余隆 墓誌銘에 대한 検討」『国士舘論叢』六二、一九九五
馬馳「『旧唐書』「黒歯常之伝」의補闕과 考辨」『백제연구총서』五、一九九七
梁起錫「百済 扶余隆 墓誌銘의 '百済 辰朝人'」『金顯吉教授定年紀念郷土史学論叢』修書院、一九九七
李文基「百済 遺民 難元慶 墓誌의 紹介」『慶北史学』二三、二〇〇〇
강종원「百済 黒歯家의 成立과 黒歯常之」『百済研究』三八、二〇〇三
金栄官「百済遺民 祢寔進 墓誌 紹介」『新羅史学報』一〇、二〇〇七
李道学「祢寔進墓誌銘을 통해 본 百済 祢氏 家門」『伝統文化論叢』五、二〇〇七
鄭炳俊「당에서 활동한 백제유민」『百済 遺民들의 活動』충

청남도역사문화연구원、二〇〇七
金栄官「百済 義慈王 曾孫女 太妃扶余氏 墓誌」『百済学報』創刊号、二〇〇八
拜根興「백제와 당 관계에 관련한 두 문제—웅진도독 왕문도의 사망과 예식진묘지명에 관하여」『百済研究』四七、二〇〇八
金栄官「義慈王의 押送 過程과 唐에서의 行蹟」『白山学報』八五、二〇〇九
朴現圭「天龍山石窟 제一五굴과 勿部珣将軍功德記—선행학자들의 연구동향을 중심으로」『西江人文論叢』二五、二〇〇九
権悳永「백제 유민 祢氏 一族 묘지명에 디한 断想」『史学研究』一〇五、二〇一二
金栄官「백제 멸망 이후 부여융의 행적과 활동에 대한 재고찰」『百済学報』七、二〇一二
金栄官「百済 遺民들의 唐 移住와 活動」『韓国史研究』一五八、二〇一二
金栄官「中国 発見 百済遺民 祢氏 家族 墓誌銘 検討」『新羅史学報』二四、二〇一二
拜根興「唐代 백제유민 祢氏家族 墓誌에 관한 고찰」『韓国古代史研究』六六、二〇一二
李泳鎬「새로 발견된 百済遺民 祢素士・祢仁秀 묘지명 탁본」『韓国古代史研究』六五、二〇一二
金英心「墓誌銘과 문헌자료를 통해 본 백제멸망 전후 祢氏의 활동」『歴史学研究』五二、二〇一三
金栄官「百済 義慈王 外孫 李済 墓誌銘에 대한 연구」『百済文化』四九、二〇一三
朴芝賢「熊津都督府의 성립과 운영」『韓国史論』五九、二〇一三
李成市「祢軍 묘지 연구—祢軍의 외교상 사적을 중심으로」『木簡과 文字』一〇、二〇一三
権悳永「백제 멸망 최후의 광경」『역사와 현실』九三、二〇一四
金栄官「百済 遺民 陳法子 墓誌銘 研究」『百済文化』五〇、二〇一四
朴芝賢「『陳法子墓誌銘』의 소개와 연구현황 검토」『木簡과 文字』一二、二〇一四
拜根興「중국 학계의 백제 유민 祢氏 家門 墓誌銘 검토」『韓国史研究』一六五、二〇一四
拜根興「중국 학계 백제사 연구현황 및 과제—중국 출토 백제인 묘지명을 중심으로」『충청학과 충청문화』一九、二〇一四
李鎔賢「祢軍墓誌의 '日本'에 대한 검토」『韓国古代史研究』七五、二〇一四
鄭東俊「『陳法子 墓誌銘』의 검토와 백제 관제」『韓国古代史研究』七四、二〇一四
崔尚基「『祢軍墓誌』의 연구 동향과 전망—한・중・일 학계의 논의사항을 중심으로」『木簡과 文字』一二、二〇一四
김수미「백제 멸망 이후 馬韓 인식의 변화 양상」『韓国古代史研究』七七、二〇一五
金英心「백제의 지방 통치기구와 지배의 양상『陳法子墓誌銘』과 나주 복암리 목간을 통한 접근」『韓国古代史探究』一九、二〇一五

曺凡煥「중국인 유이민의 백제 귀화와 정착 과정에 대한 검토『陳法子墓誌銘』을 중심으로」『韓国古代史探究』一九、二〇一五
崔尚基「백제 멸망 이후 예씨（袮氏）일족의 위상—墓誌銘과 관련 문헌의 종합적 검토를 통해」『역사와 현실』一〇一、二〇一六
金栄官『扶余隆 墓誌銘』의 새로운 判読과 翻訳」『韓国古代史探求』二五、二〇一七
김주성「의자왕과 부여융・부여효」『韓国古代史探求』二五、二〇一七
방향숙「扶余隆의 정치적 입지와 劉仁軌」『韓国古代史探求』二五、二〇一七
정효운「백제 멸망과 백제유민—정착 과정과 정체성 문제를 중심으로」『東北亜文化研究』五三、二〇一七
曺凡煥「熊津都督 扶余隆의 対新羅政策에 대한 검토」『韓国古代史探求』二五、二〇一七
채민석「『扶余隆 墓誌銘』관련 연구성과 검토」『韓国古代史探求』二五、二〇一七

③百済・高句麗遺民両者

尹龍九「중국 출토 고구려・백제유민 묘지명 연구동향」『韓国古代史研究』七五、二〇一四
李基天「唐代 高句麗・百済系 蕃将의 존재양태」『韓国古代史研究』七五、二〇一四
李東勲「高句麗・百済遺民 誌文構成과 撰書者」『韓国古代史研究』七六、二〇一四
李成制「高句麗・百済遺民 墓誌의 出自 기록과 그 의미」『韓国古代史研究』七五、二〇一四
金英心「遺民墓誌로 본 고구려、백제의 官制」『韓国古代史研究』七五、二〇一四
安政焌・崔尚基「唐代 묘지명을 통해 본 고구려・백제 遺民一族의 동향」『역사와 연실』一〇一、二〇一六
김수진「唐京 高句麗 遺民의 私第와 葬地」『史学研究』一二七、二〇一七

④その他

拝根興「中国 소재 韓国古代史 관련 金石文資料의 現況과 展望」『新羅文化祭学術論文集—新羅 金石文의 現況과 課題』二三、二〇〇二
尹龍九「中国 出土의 韓国古代 遺民資料 몇 가지」『韓国古代史研究』三二、二〇〇三
池培善『고구려・백제 유민 이야기』혜안、二〇〇六
權悳永「한국고대사 관련 中國 金石文 조사 연구—唐代 자료를 중심으로」『史学研究』九七、二〇一〇
金栄官「渤海人 諸思計 묘지명에 대한 고찰」『목간과 문자』七、二〇一一
이장웅「中国 소재 韓国古代 文字資料를 찾아서—洛陽、西安을 중심으로」『韓国古代史研究』六八、二〇一二
金栄官「在唐 新羅人 金日晟 墓誌銘에 대한 검토」『新羅史学報』二七、二〇一三
朴漢済「魏晋南北朝—隋唐時代 葬俗・葬具의 變化와 墓誌銘：그 資料的 性格」『韓国古代史研究』七五、二〇一四

権悳永「唐 墓誌의 고대 한반도 삼국 명칭에 대한 검토」『韓国古代史研究』七五、二〇一四

〔付記〕本稿は、朝鮮史研究会関東部会二〇一七年四月例会にて発表した「韓国学界における遺民墓誌研究の現況―最近刊行された『中国所在韓国古代金石文』（韓国学中央研究院出版部、二〇一五年）を中心に」の内容を加筆・修正したものである。

共同体（コンドンチェ）を考える
——二編の民族誌から

本田　洋

現地調査で韓国に通うようになって随分になるが、このところ「コンドンチェ」（共同体）という言葉を以前よりもよく耳にするように思う。

私のフィールドの南原では、先日、「コンドンチェ」支援センターという中間支援組織が設立された。その主な事業のひとつが「マウル」学校である。日本語に直訳すれば、「共同体（きょうどうたい）」を支援する組織で「むら」（村）についての教育を実施していることになるが、「コンドンチェ」も「マウル」もニュアンスとしてはコミュニティと訳す方が適当かもしれない。逆に日本語の方で、「共同体」や「むら」ではうまく表現できない含意を「コミュニティ」（community）という外来語で言い表しているのだともいえる。「共同体」「コンドンチェ」をめぐるこの用法の微妙なずれは何によるものなのか、ここでは試論的に、日本人の社会学者とアメリカ人の人類学者が朝鮮半島中・南部の地方社会について記した二編のテクストを手掛かりに考えてみたい。

とりあげるのは、一九四四年に東京で刊行された『朝鮮農村社会踏査記』［鈴木　一九四四］と一九七一年に米国ケンブリッジで刊行されたA Korean Village: Between Farm and Sea（『ある韓国の村：田畑と海のあいだで』）［Brandt 1971］である。前者は一九四〇年代前半に日本の植民地支配下にあった朝鮮半島中・南部の農村を調査した日本人の社会学者、鈴木榮太郎による紀行文的な調査記録で、後者は一九六〇年代半ばに韓国中西部の半農半漁村でフィールドワークを行った米国人人類学者ブラント（Vincent S. R. Brandt）がハーバード大学に提出した学位論文がもととなっている。後者は二〇世紀初頭以降の人類学での用法に従えば、「民族誌」（ethnography）と呼ばれるジャンルに分類される。また前者も、対象社会での現地調査に基づく記述という点では、このジャンルに含めうる著作となっている。フィールドワークに基づく具体的かつ詳細な記述が豊富に盛り込まれるのが人類学的な意味での民族誌の特色のひとつといえるが、このようなテクストの読解として、著者である人類学者の論証を忠実にたどる方法だけではなく、時にはその詳細な記述から、著者の論証を裏切るような読み方も可能となる。その点で民族誌とは、著者が意図しないような読みをも可能にする、いわば裏読みを許すテクストといえる。ここでは韓国の地方社会を扱った二編の民族誌的テクストを「裏読み」することで、「コンドンチェ」をめぐる感覚と実践について考えてみたいと思う。

テクスト1　『朝鮮農村社会踏査記』（鈴木榮太郎、一九四四年）

鈴木榮太郎の『朝鮮農村社会踏査記』（一九四四年）は、彼が一九四三年三月に一五日間をかけて江原道原州郡、忠清北道堤川郡、慶尚北道栄州・尚州郡を踏査した農村社会調査の記録である。鈴木は東京帝国大学文学部の出身で、当初は社会学を専攻したが、途中で専攻を倫理学にかえ、一九二二年に卒業した。その後は、京都帝国大学大学院を経て、一九二四年四月に岐阜高等農林学校に赴任した［小笠原　二〇〇〇：二六二］。彼は長らく日本の農村研究に従事し、『日本農村社会学原理』［鈴木　一九四〇］等の著作により、今日では日本の農村社会学の創始者のひとりとして位置づけられている。

彼が朝鮮半島の農村社会の研究に従事するようになった契機は、一九四二年四月、京城帝国大学法文学部社会学講座への赴任であった。これは同講座の教授であった秋葉隆の誘いによるもので、一八九四年生まれの鈴木は四〇代後半の年配であったが、異郷の地に帝大助教授として赴いた。そしてあまり間をおかずに植民地朝鮮の農村調査を開始した［鈴木　一九四三：四七―四八］。彼が朝鮮で調査研究に従事したのは実質三年にも満たない短い期間であったが、その間意欲的に現地調査と成果の取りまとめを行い、戦後の社会学・人類学における韓国農村社会研究の礎となるような業績を少なからず残した［拙稿　二〇〇七参照］。

鈴木の朝鮮農村社会研究の方法論的な特徴は、日本の農村研究を通じて叩きあげた概念枠組を、植民地朝鮮の農村に適用した点にあった。なかでも「自然村」という独特のコミュニティ概念と関心共同圏の概念が特に重要と思われる。ただし後者についてはほぼ手つかずのままに終戦を迎え朝鮮を去ることとなり、鈴木の朝鮮農村社会研究の成果として主に取り上げられるのは、「自然村」に累積する社会集団の構造と機能の分析となっている。

ここでその詳細に立ち入ることは避けたいが、鈴木がこの自然村の概念を朝鮮の農村社会にどのように適用したのか、いいかえれば、彼が朝鮮の「自然村」をいかに発見したのかについては触れておかねばなるまい。その前提として、鈴木の自然村概念を、彼の日本農村社会研究の集大成である『日本農村社会学原理』（一九四〇年、図1）に依拠して整理しておこう。同書第二章「日本農村社会研究法」で、家とともに日本の農村における社会化の主たる単位をなす村について説明されている箇所を参照しつつその概念構成

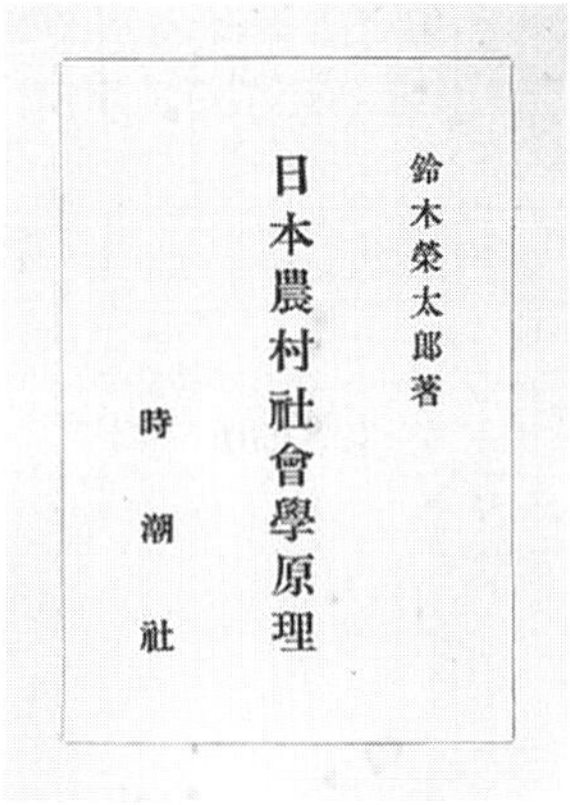

図1『日本農村社会学原理』内扉

を整理すれば、次の六点に分けられる［鈴木　一九四〇：三六］。

①自然村とは社会的統一である。
②その社会的統一は、地縁的結合、すなわち居住の近接に基づく結合を基礎とする。
③地縁的結合の上に、他の様々な社会的紐帯による直接的な結合を生じる。
④村の成員は、成員だけに共有され、かつその社会生活全般にわたる組織的な社会意識内容の一体系を持つ。
⑤このような社会意識は、村の成員の相互面識的な社会生活のあらゆる方面に拘束を加えている。
⑥そこに生ずる多くの集団も、この統一的・一般的意思によって統制されている。

鈴木は、京城帝国大学への赴任の三ヶ月後である一九四二年七月に、全羅北道群山郊外の屯山洞で赴任後最初の農村調査を行ったが、その際に、屯山洞の中心集落である「昔からの屯山洞」が、基本的な「村落協同体」、すなわち「自然村」であることを確信した。ここで洞（あるいは里）とは、村落、あるいは集落を意味する。昔からの洞（旧洞）とは、植民地期以前に起源を遡ることができる村落・集落のことで、朝鮮総督府により一九一〇年代半ばに実施された地方行政区画統廃合以前には、行政上の最末端単位としても位置付けられていた。このような「昔からの洞」が「自然村」であることの根拠としては、「山神堂を共同維持崇敬する祭祀団体を組織して居る事、自治的機関として洞中契を組織して居る事、共同奉仕作業や洞宴がある事、共同労働組織としてツレを組織して居る事、洞に総有の財産がある事等」が挙げられている［鈴木　一九四三：五二―五三。但し、漢字旧字体のみ新字体に直す。以下同じ］。すなわち、日本の農村集団に類似した各種の社会集団やその他の社会的紐帯・結合がこの「昔からの屯山洞」を範囲として累積していることを根拠に、ここに朝鮮の「自然村」を見出したのである。

ここで注意を喚起しておきたいのは、当初の自然村の概念に含まれていた「組織的な社会意識内容の一体系」や、それが村の成員の相互面識的な社会生活や村の社会集団に及ぼす拘束や統制について、めだった言及が見られない点である。この「組織的な社会意識内容の一体系」を、鈴木は「村の精神」とも言い換えているが、これについては、自然村の社会的統一は単に集団や社会関係の累積体と認めるべきではなく、ひとつの「自律的存在者」として認めることができるといい、そこに「時代時代の個人達を縦にも横にも貫ぬいて居る一個の精神の存在を認めざるを得ない」と述べている［鈴木　一九四〇：八四］。この「精神」は、「協同体成員等の生活規範」であるだけでなく、「協同体其ものの発展の為の規範」でもある。すなわち、今に生きる成員だけでなく、「遠き過去より遠き未来に至る計り知れぬ多くの成員」を支配するものである。鈴木曰く、「此精神の活動する社会的面を村落協同体と呼ぶなら、それは一人一人の個人を呑吐し溶解して居る超個人的協同体であると共に、現在を過去と未来に常にしばりつけて居る超時間的な協同体である」［鈴木　一九四〇：九六―九七］。

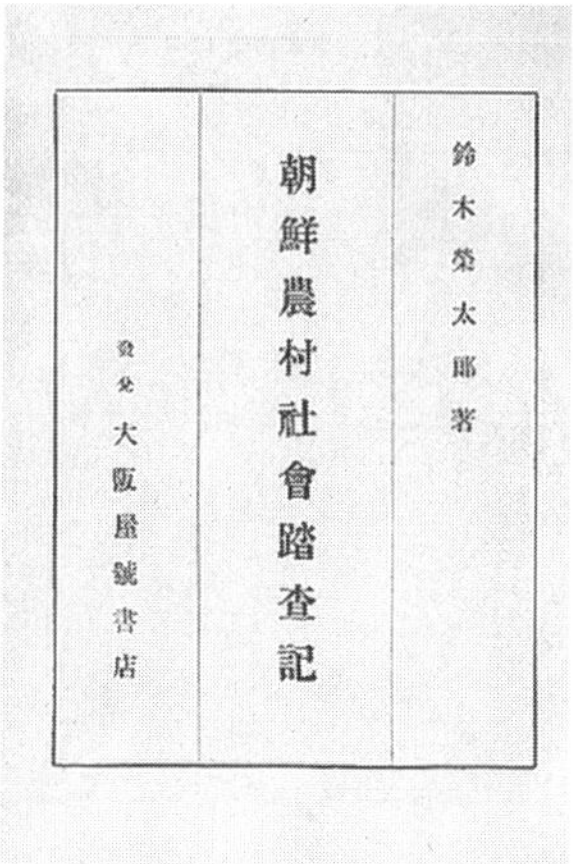

図２　『朝鮮農村社会踏査記』内扉

　鈴木の「自然村」概念は、地縁的な結合を基盤とする共同的な社会結合であるに留まらず、世代を越えて再生産される規範の体系によってそこに生きる個人やそこに生起する社会集団・社会関係が拘束・統制されるとする点で、自律・自足性、（デュルケーム的な意味での）外在性、ならびに持続性の高い特異なコミュニティとして概念化されている点が特徴的である。それでは鈴木のいう「朝鮮の自然村」では、この点は一体どうなっているのか。

　そこで『朝鮮農村社会踏査記』（図２）で取り上げられている四つの農村についての民族誌的記述を読むと、そこには鈴木が屯山洞で発見した様々な社会集団や共同的な活動を確認することはできるものの、自律性・自己完結性、外在性や持続性については、むしろその強さを裏切るような記述が目立つことに気づかされる。以下、そのいくつかを挙げてみよう。

　まず前提として、この四つの農村は、いずれも「両班」と「常民」が混住する村落であったことを押さえておきたい。「両班」とは、朝鮮王朝時代に中央と地方で特権的な身分階層をなしていた諸家系とその子孫を指し、朝鮮時代末に法的な身分制度が撤廃された後も、地方社会においてはその卓越した社会的威信が再生産されていた。鈴木の調査当時においても、「両班」と「常民」とのあいだには、通婚圏［鈴木 一九四四：三三―四二］、婚姻慣習［鈴木 一九四四：五〇―五一］、移住者に対する処遇［鈴木 一九四四：九四―九五］等において明確な身分的境界が維持されていた。

この両班は、特定の村落や地域に集居していたわけではなく、例えば原州郡地正面艮峴里の韓山李氏の一派が、この村落の二六戸を含め地正面に六〇戸、原州郡の他の面に二三戸暮らしていたように［鈴木 一九四〇：六〇―六一］、特定の村落の境界を越えて散在しつつ、祖先祭祀等の共同の活動を行っていた。また、このような両班の有識者を主体とする儒林、すなわち儒学と儒教的道徳を信奉し、実践する者の集まりが、旧郡、すなわち朝鮮時代の郡県を単位として、儒教の顕彰と教化活動を行っていた［鈴木 一九四〇：一四―一六］。少なくとも両班と儒林の活動を見る限り、鈴木が朝鮮の自然村と捉えた旧洞の境界を越えて社会関係が展開し、共同的な活動が営まれていたことが確認できる。「社会的意識内容の一体系」による拘束・統制という点で、仮に個人を外から拘束し、世代を越えて再生産される規範の体系が朝鮮の農村にあったとしても、それは個別の「自然村」に特化した規範の体系というよりはむしろ、より普遍性が高く、かつ地域の両班や儒林によって顕彰・教化される儒教的な倫理道徳であったと考えられる。

朝鮮の農村は人的な連続性の面でも持続性が高いとはいい難い。確かに、両班の子孫の相当数は拠点集落に住み続けていたようであるが、他の身分階層については相当に流動性が高かったように読める。鈴木が「奴者」、「農者」、あるいは「農奴」として記録している奴婢の多くは一九世紀末の身分解放後に他地域に移住し、「常民」にしても、例えば堤川郡錦城面積徳里の四一戸中、両班でない「一戸であった」二一戸は、「最近四五十年間に来住したものづゝの常民」であった［鈴木 一九四〇：一六八］。艮峴里で聞き取り調査を行った常民三戸も、三代前に移り住んだという巌石成以外は、父の代で、あるいは本人自身が移住していた［鈴木 一九四四：三三―四〇］。

このような記述を見る限り、朝鮮の農村のコミュニティ的な結合は、「自然村」というには自律性ないしは自己完結性が必ずしも高いものではない。また、村落を越えた両班のネットワークと村落内における人びとの活動をも規制する儒教規範の高い普遍性、ならびに常民の相当程度の流動性を考えれば、超個人的で超時間的に村の諸個人と諸関係・集団を拘束する「村の精神」が存立していたと見るのにも無理があるように思える。それではそこにはどのような社会結合が成立し、再生産されていたのか。いいかえればどのようなコミュニティが立ちあがっていたのであろうか。

次のテクストの裏読みに移る前に、「共同体」／「コンドンチェ」の対立概念を考えてみたい。日本語の「共同体」、あるいは「むら」は、近代化の脈絡でしばしば「封建的」と性格づけられるように、その対立概念のひとつに「解放」・「自由」をあげることができよう。外来語の「コミュニティ」の使用は、「共同体」・「むら」に付与された「自由」の抑圧や個人の拘束というネガティヴな含意を回避し、さらに「自由」や「民主的」といった西欧近代的な肯定的価値をそこに埋め込むことを可能にする。「共同体」・「むら」における個人の自由の抑圧とは、鈴木のテクストを踏まえれば、「村の精神」の否定的な側面といいうるであろう。

これに対し、韓国の都市／地方社会に暮らす人たちとの対話で「コンドンチェ」としばしば対立的に語られる言葉が、「ケインジュウィ」（個人主義）である。ここで注意せねばならないのは、「ケインジュウィ」は必ずも個人の自由や自我の尊重を意味するものではない点である。すなわち、しばしば夫婦と未婚の子女からなる「核家族」（基本家族）やその他の親密な小集団の利害を優先することを意味し、より一般的にいえば、利己的な態度・生き方を指す。そして「コンドンチェ」がこの「ケインジュウィ」と対比的に用いられる場合に、若干の郷愁を込めつつその理想・理念として語られるのが「マウル」であり、また「イウッサチョン」（隣人同士の親密な関係性）や「プマシ」（等価的労働交換、転じてその原理である互酬性 reciprocity）である。ここでの「コンドンチェ」は、集団としての一体性を強調する「むら」的なコミュニティ（community）に限定されるものではなく、時には結社（association）の形態を取り、より本質的には互助・協同的な関係性、さらには人と人との親密なつながりを示唆する。

鈴木が見出した「朝鮮の自然村」とは、実はこのような関係性・つながりとしての「コンドンチェ」であったのではないか。これを検証する手掛かりとして、次に二つ目のテクストを裏読みしてゆきたい。

テクスト2 『ある韓国の村：田畑と海のあいだで』（ブラント、一九七一年）

一九七一年に刊行された『ある韓国の村：田畑と海のあいだで』（図3・4）は、米国人人類学者ブラントが、

図 3　*A Korean Village* 表紙カバー

図 4　*A Korean Village* 内扉

一九六六年に忠清南道の半農半漁村 Sŏkp'o（以下、発音が同じ「石浦」という漢字をあてる）で行った長期の滞在調査の資料に基づき、この村の住民の生活様式について、諸集団への帰属と個人としての付き合いの方法に重点を置いて記述を試みた民族誌である［Brandt 1971: 1］。

この著作でまず目を引くのは、石浦の住民の普段の日常的な行為（ordinary, everyday behavior）について、ブラントが二つの明確に区別されるイデオロギー、あるいは倫理体系（ethical systems）の影響を見てとっている点である。そのひとつは、儒教的な倫理規範によって正当化され公式的・顕在的かつ位階性を体現する倫理体系で、両班の伝統と密接な関係にあるが、村落生活にも、親族関係や個人のステータス、ならびに儀礼活動との関連で広範な影響を及ぼす。もうひとつはブラントが平等的コミュニティ倫理と呼ぶもので、そこで強調されるのは隣人同士の相互扶助と協力、饗応、気前のよさ、寛容である。儒教的倫理体系のように公式的、顕在的ではなく、またコード化された一連の道徳規準によって裏付けられるものでもないが、親族に対しても非親族の隣人に対しても同じく示されるという［Brandt 1971: 25-26］。

このようなある種のコントラストをもって村落住民の諸行為を記述・分析する試みは、ひとつには石浦の社会構造に見られる複合性を前提とするものであった。鈴木が『朝鮮農村社会踏査記』で取り上げた四つの農村に見られたような身分的複合性（ブラントの用語では身分でなく階級class）に加え、主生業、父系親族の有無と規模、経済階層、人付き合いや日常的な雰囲気においても、石浦の住民、特にこの村落を構成する三つの集落のあいだには、顕著な違いを見てとれる。まず集落の世帯数と父系親族への帰属に従って整理すると、Yangban Neighborhood（両班村）には朝鮮時代の王族の子孫である全州李氏二二戸とその姻戚等の計二九戸、Big Hamlet（大村）には金海金氏二三戸、文氏一三戸とその他雑多な姓をもつ諸世帯の計四六戸、そしてOver There（向こう村）には「大村」とは別系統の金海金氏三〇戸とその他雑姓戸の計三三戸が調査当時に暮らしていた［Brandt 1971: 45］。

ブラントの観察によれば、この三集落は、生業面と住民の雰囲気でも対照をなしていた。「両班村」の住民は主に農業に従事し、勤勉で落ち着いた雰囲気が集落に広がっている。女性は外出することが少なく、家の外で噂話をして回るのも稀である。「大村」はその正反対で、浜沿いに貧しい漁民の家々が立ち並び、中心には三〇余りの家々が、自家消費用の蔬菜を栽培する畑を間に挟んで密集している。一年のほとんどを通じて、男性は好みの場所に集まってけだるくおしゃべりを交わし、外に出ている女性も目立つ。人の行き来も多い。農地が少ないので暇な時間が多く、漁民も悪天候や漁に適さない季節にはすることがない。他の二集落の住民よりも平均年収はかなり低く、独特の貧しく享楽的な雰囲気を醸し出している。「向こう村」は岬の突端に最も近く、尾根によって他の二集落から隔てられている。漁撈に従事する者もいるが、集落の支配的な雰囲気は農業的で、「両班村」に近い。農地の所有規模は「大村」よりも大きく、漁民もだいたいが自分の船を持っている。住民の大半は金海金氏だが、六つの小地区に分散して暮らしていて、近親同士で固まっているのは二つの地区のみである［Brandt 1971: 45-49］。

鈴木が論じた一九四〇年代前半の「両班」たちの例と同様に、儒教的倫理体系は、石浦の住民の親族間の行為を公式的な規則に従って厳格に統制するものであった［Brandt 1971: 136-137］。それは特に「両班村」の全州李氏のあいだで顕著であった。ブラント自身も、父系親族のあいだに見られる義務的な相互扶助（あるいは相互依存）と相互規制を、公式的リネージ倫理、いいかえれば儒教的規範体系によって拘束される持続性の強い紐帯と捉え、それに対し平等的コミュニティ倫理によって生み出される自生的な内集団的連帯を状況依存的な紐帯と捉えていたように読める。反面、

A ceremonial offering of food and drink is made when the roof beam is put in place. The house owner is on his knees after completing the ritual bows. Only relatives (and the author) are present.

was restrained, and noisy children were cuffed into silence by their parents.

When the laborious business of actually putting on the roof began, some fifty people gathered of whom only about half were relatives of the house owner. Friends came from every section of the village in addition to all the close neighbors, and the work was accomplished during two days of intense activity in an atmosphere of great joviality and constant noise. As occasions like this were repeated at fairly frequent intervals, I gradually discovered that Sŏkp'o, contrary to my expectations, was a place where sociability, mutual tolerance, and cooperation among members of different lineages was a persistent feature of village life.

Starting with a description of the institutional and behavioral aspects of village life, I became increasingly aware that extensive diversity and contrast rather than homogeneity were characteristic of the community. A number of different kinds of complexity and opposition are involved, so that the

21

図5　*A Korean Village* の本文の一部。写真は棟上げ後の酒食の振舞いの様子で、右奥に膝をついて座っているのが拝礼を終えた家の持ち主、左から二人目が著者ブラント。

その民族誌的記述を見ると、父系親族の紐帯の持続性や強度を自明のものとして捉えることにも留保を加える必要があるように思える。

例えば、特定の農作業（田植え、草取り、稲刈等）を協同で行う作業集団は、通常親族によって構成され、特に親族が近接して集まっている集落ではそれが顕著であるが、村落内での金銭的取引（財産の売買、農地の貸借、金の貸借、賃労働者の雇用等）は、かなりの程度で親族関係の枠組の外でなされていた。ただし、元両班の全州李氏のあいだでは、家族を越えた親族の結束という理想がより強い力を発揮しており、一族の者の借金を富裕な家族が肩代わりする例や、親族が協力して、聡明な男の子の学資を援助する例も見られたという[Brandt 1971: 70-73, 140-142]。

儒教的な倫理体系に依拠する親族間の敬意、義務、協力の理念は、ブラントの印象に従えば確かに徹底して内面化されており、日常的な行為全般に影響を及ぼしていたと見られる。反面、相互責任の感情が強く見られるのは、（父・長男の世帯と次三男の世帯からなる）拡大家族内に留まっており、その外では、すなわちより遠い親族との関係においては、責任感よりもきちんとした礼儀により大きな比重が置かれていた。実際、「協力と相互扶助については、同じ集落の親族と非親族とで大きな違いはなかった」とブラントは記している[Brandt 1971: 136-137]。

この点についてのブラントの記述は、公式的な関係性よりは、むしろ彼のいう平等的コミュニティ倫理の影響を受ける住民同士の関係、特に隣人間の相互扶助と気前の良さや寛容さの描写に重点が置かれているように読める。隣人同士の協力について具体的に記述した箇所を紹介すると、まず「両班村」と「向こう村」の一部の近親が集居する小地区を除けば、親族と非親族がよい具合に混じり合って暮らしている。親族が近くに住む一方で、密接に絶えることなく交流する非親族の隣人がいる。親族と折り合いの悪い者であっても、非親族の隣人は、隣人として手助けをする義務から逃れられない。このように、非親族の隣人同士のあいだで、時には親族以上に強い相互扶助の義務が意識される［Brandt 1971: 154-161］（図5）。

このような隣人同士の協力と結束について、親族的な行為のパターンが非親族に延長されたものと捉えることは誤りだと、ブラントはいう。住民のなかには、最も大切なことは隣人と仲良くすることで、親族同士の義務は時に重荷にもなりうると語る者さえいる。非親族間の緊密で持続的な紐帯は、親族関係とは対照的に、自発的で非位階的な要素を含む。相互の信頼と敬意は、長い付き合いと詳細な知識に基づいている。非親族間で、利己的・攻撃的な行為が抑圧されたり、紛争が素早く解決されることの背景には、ある種のコミュニティ感覚（a sense of community）が介在している。このコミュニティ感覚とは、隣人同士調和のとれた生活を送るのに必要な、ある種の不可避の要請を受け入れることだとブラントは述べている［Brandt 1971: 156-157］。

このコミュニティ感覚は、生業活動を含めた日常生活のあらゆる局面で、互酬的な関係性の形成・維持と、集合的な責任（あるいは相互規制）の作用を促す。すなわち、農具や漁具等の物品やサービスの貸し借り・交換、さらには酒食を気前よく振る舞い合うことをも含め、石浦の住民の頭のなかにある非公式の貸借表に基づいて互酬的な関係性と相互規制が再生産される［Brandt 1971: 146-154, 165-169］。このような感覚は、「情の篤さ」への自慢として表出されることもあり、特に、それなしには生存の危機にも直面しうる貧しい者たちにとって、より多くの利益をもたらすものとなっている(1)［Brandt 1971: 73］。

ブラントのいうコミュニティ感覚は、石浦に暮らす人たちの日常的な行為を規制・拘束する一種の規範の反映とも見られる点で、鈴木のいう「村の精神」と類似した作用を示す。しかし「村の精神」のように超個人的で超時間的な実体として想定しうるものではなく、それによって立ち上がるコミュニティ的関係性は、特定の地理的、生態的、ならびに社会的な条件のもとに半ば偶然的に居合わせた人たち、さらにいえば、ある特定の時空間で限られた資源を共有する人たちのあいだで、密接な相互行為と相互に対する知識の蓄積のうえに立ちあがるものであり、状況依存的でありつつも、生活の必要によって促されるものであるが故の特有の強さをもつといえる(2)。

日本の農村社会研究を通じて編み出した「自然村」の概念枠組を植民地朝鮮の農村に適用することで、鈴木榮太郎はそこにコミュニティ的な社会結合の一単位を見出した。しかしそれは鈴木が慣れ親しんできた日本の農村の共同的・集合的関係性とは異なり、「村の精神」ともいいうるような外在的なイデオロギー的拘束による超世代・時間的（半永続的）な作用として捉えるには無理があった。一方、一九六〇年代半ばの半農半漁村にブラントが見出した生活の必要性に基づく状況依存的なコミュニティ的結合（平等的コミュニティ）と独特のコミュニティ感覚は、超越的なイデオロギーの介在や場所への特別な愛着の介在なしに、堅固な共同的・集合的関係性が生成しうる可能性を示唆するものと読める。鈴木も指摘しているように、このようなコミュニティが時には任意結社（voluntary association）的な祭祀団体や自治的機関を伴うものとして立ちあがることもある。しかし、植民地期の任意結社に関する調査報告［善生 一九二六等］や、ブラント以後の韓国農村社会の民族誌を見る限り［嶋 一九九〇等］、活動経費の確保や成員の持続的なリクルートにおいて任意結社の持つ限界を、克服しうるものとはなっていない。空虚な「村の精神」を埋めるのは、生活の必要と状況依存的な盛り上がりといえるのではないかと思う。

「コンドンチェ」の含意に立ち戻って問い直せば、ブラントが一九六〇年代半ばの石浦に見出したコミュニティ感覚は、アジア金融危機以降の韓国社会の構造的変動のなかで都市住民や農村移住者［拙稿 二〇一六a参照］たちが想像し実践を試みる互助・協同や親密な繋がりとどのような関係にあるのだろうか。ブラントが示唆するような平等的コミュニティを実践的に生み出す感覚が、産業化・向都離村と三〇年あまりの時を隔てて彼ら彼女らの身体にも刻みこまれていると考えるのはあまりにナイーヴすぎるであろうし、また「マウル」という語りに込められる郷愁（nostalgia）、すなわち記憶の仮構と作り変えにも留意せねばなるまい。とはいえ、個と個、あるいは小家族と小家族を結ぶ繋がりの断絶を省察的に捉え直しつつ新たな繋がりを模索する過程で、「コンドンチェ」や「マウル」といった語りがある種のリアリティを持つようになった背景に、日本語的な「共同体」の含意、すなわちコーポレートなコミュニティの旧態的拘束性は想定されていない、あるいは少なくともきれいに忘却されているのは確かだと思われる。そこにはコミュニティ感覚への先祖返りとでもいうような実践感覚の再構築が介在しているのかもしれない。

注

（1）ブラントが近年刊行した回顧録［Brandt 2014］では、一九九二年九月の石浦への再訪時の体験と対照しつつ、もはや失われてしまった一九六六年調査当時の石浦のコミュニティが、ブラント自身によるコミュニティへの参与とコミュニティ感覚の体得の過程として、郷愁と反省をこめて叙述しなおされている。社会人類学の博士学位論文としてのスタイルを強く意識した一九七一年刊行の民族誌と、彼のいう「共感的参与観察 sympathetic participant observation」［Brandt 2014: 13］を前面に押し出した内省的な記述を対照することで、ここで示した裏読みとはまた異なる読解が可能になるかと思う。この回顧録によれば、二つの倫理体系は、ブラント自身が村の生活に接近する際にとった異なる二つの経路を特徴づけるものでもあったことがわかる。

（2）ブラントのいう平等的コミュニティが生成・再生産される諸条件を対照民族誌的に考察した論考として、拙稿［二〇一六b：三三七―三八一］も参照されたい。

参照文献（アルファベット順）

Brandt, Vincent S. R. 1971, *A Korean Village: Between Farm and Sea*, Cambridge, Massachusetts: Harvard University Press.

―― 2014, *An Affair with Korea: Memories of South Korea in the 1960s*, Seattle & London: University of Washington Press.

本田洋　二〇〇七「村はどこへいった――『朝鮮農村社会踏査記』と韓国農村共同体論の位相」『韓国朝鮮文化研究』一〇：四五―七三。

――　二〇一六a「韓国山内地域の農村移住者と生活経験――二〇一〇年代前半の動向を中心に」『韓国朝鮮文化研究』一五：四一―六六。

――　二〇一六b『韓国農村社会の歴史民族誌：産業化過程でのフィールドワーク再考』風響社。

小笠原真　二〇〇〇『日本社会学史への誘い』世界思想社。

嶋陸奥彦　一九九〇「契とムラ社会」阿倍年晴・伊藤亜人・萩原眞子編『民族文化の世界（下）社会の統合と動態』小学館：七六―九二。

鈴木榮太郎　一九四〇『日本農村社会学原理』時潮社。

――　一九四三「朝鮮農村社会瞥見記」『民族学研究』九：四七―七三。

――　一九四四『朝鮮農村社会踏査記』大阪屋號書店。

善生永助　一九二六『朝鮮の契』京城：朝鮮総督府。

エッセイ

訪忘憂亭記
——朝鮮士人と亭子文化

長森美信

丁酉年の秋、洛東江のほとり、慶尚南道昌寧郡にある忘憂亭を訪れた。忘憂亭は、郭再祐（号は忘憂堂。一五五二～一六一七）が建てた亭子《あずまや》である。

朝鮮初期、王都漢城の南を流れる漢江辺には、王や王室の亭子が建てられた。太宗李芳遠（一三六七～一四二二）の楽天亭、世宗（諱は祹。一三九七～一四五〇）の華陽亭、孝寧大君（諱は補。一三九六～一四八六）の望遠亭（喜雨亭）、安平大君（諱は瑢。一四一八～一四五三）の淡淡亭などがそれである。王室のみならず、時の権力者にとっても、漢江辺に亭子を持つことは一種のステイタスになっていた。世宗代に右議政等をつとめた盧閈（号は孝思堂。一三七六～一四四三）の孝思亭、癸酉靖難後に絶大な権力を手にした韓明澮（号は狎鷗亭。一四一五～一四八七）の狎鷗亭などがその例である。

朝鮮時代を通じて、中央の権勢家のみならず、在地の士人《ソンビ》たちもまた競うように、川のほとりの景勝地に亭子を建てた。江辺の亭子は、ときに一人で、ときに気の置けない仲間たちと、山水を愛でながら休息をとり、詩を吟じて交流を深めることができる大切な空間であった。

朝鮮八道にどれだけの亭子が建てられたのか、その全数を知る術はない。『新増東国輿地勝覧』は楼亭条を設けて、全国五五〇カ所余りの楼閣と亭子を採録しているが、その半数近くが亭子である。朝鮮中期頃には、景勝地に亭子を持つことが士人たちの文化として普遍化していたように思われる。

さて、忘憂亭の主人である郭再祐は、壬辰丁酉乱（文禄慶長役）の際に活躍した義兵将として夙に高名な人物である。

一五九二年（宣祖二五）四月、豊臣秀吉の朝鮮侵略が始まると、郭再祐が暮らす宜寧にも日本軍が迫ってきた。宜寧県の官軍を指揮すべき県監呉応昌が逃亡してしまうなか、郭再祐は抗日の兵を起こし、巧みなゲリラ戦で数々の戦功をたてた。民衆は彼を「天降紅衣将軍」と呼び、政府は彼に義兵将の称号を与えた。

韓国では、秀吉軍との戦いで何度も勝利した義兵将の筆頭として中学校・高等学校の『国史』の教科書に常に登場する〝救国の英雄〟である。義兵将としての活躍が最大級の敬意とともに語られる一方で、英雄の晩年はあまり知られていない。

〈図 1〉忘憂亭と洛東江（2017 年 9 月撮影）
画面右の碑閣の中に見えるのが「忠翼公忘憂郭先生遺墟碑（1789）」。画面奥は洛東江。中央の瓦は現在の忘憂亭の屋根。

戦乱が終結した一五九八年（宣祖三一）、郭再祐は四七歳（数え年）になっていた。穏やかな隠遁生活を望んでいたのであろうか。王は何度となく彼を官職に任じようとしたが、郭再祐の腰は重かった。

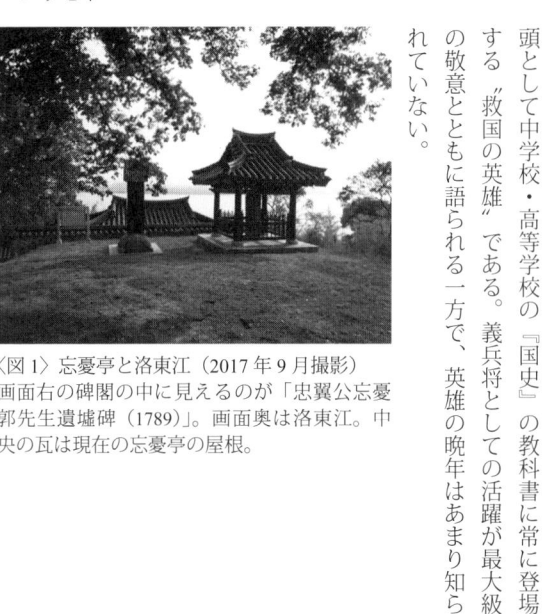

一六〇五年（宣祖三八）、王命を受けて上京し、漢城府右尹に任じられたときも、彼は病を理由に辞任して帰郷した。その後、郭再祐は「滄巌」に「江亭」を建て、ここに隠居した。しかし、一六一〇年（光海君二）六月には、あらためて王命を受けて上京することとなる。漢城府左尹、咸鏡道観察使に任じられたものの、赴任することはなく、三ヶ月後にはこれを辞して「江亭」に下っている。この「滄巌江亭」こそ、忘憂亭のことである。郭再祐もまた、他の士人たちと同様、生まれ故郷近くの江辺に、終の棲家として亭子を建て、美しい山水を眺めながら、余生を過ごすことを考えたのであろう。しかし、ことは彼の理想通りには運ばなかった。

一六一三年（光海君五）四月、郭再祐は全羅道兵馬節度使に任じられた。このとき、永昌大君（諱は㼁。一六〇六～一六一四）を殺すよう求める臣下たちの声が大きくなると、郭再祐は死を覚悟してこれに反対する上疏をあげ、官を辞することになる。光海君はその後も、郭再祐を官職に就けようと王命を下したが、彼は二度と官職に就くことな

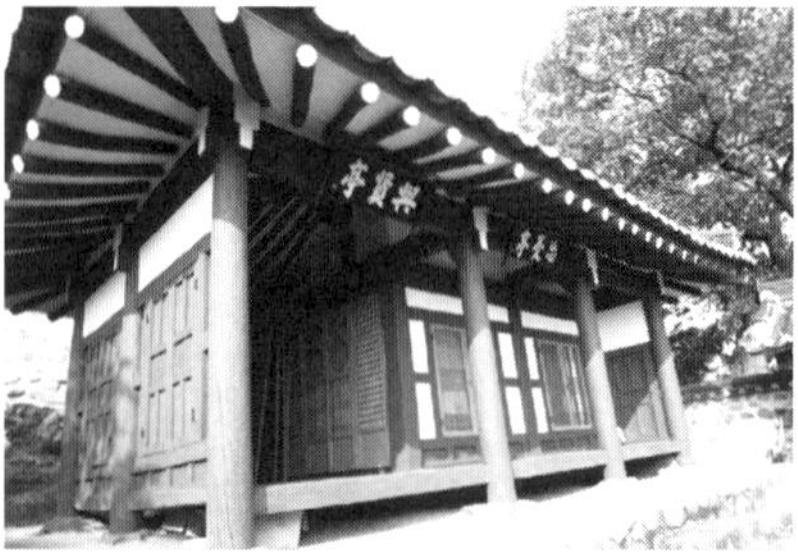

〈図2〉忘憂亭（2017年9月撮影）
右に「忘憂亭」、左に「与賢亭」の扁額が見える。

〈図3〉「与賢亭記」の扁額（2017年9月撮影）

く、一六一七年（光海君九）四月に没した。その死を惜しんだ王は致祭を命じている。

右のように、戦乱終結後に郭再祐は様々な官職に任じられたものの、実職に赴任した期間は短い。その晩年のほとんどの時間を滄巌江舎、すなわち忘憂亭で過ごしたと考えてよいだろう。

現在の忘憂亭の所在地は慶尚南道昌寧郡都泉面友江里、洛東江を眺められる小高い丘の上にある。朝鮮戦争で焼失したものを一九七〇年代に再建、補修したという（図1）。朝鮮戦争で失われた忘憂亭が、郭再祐が存命中に建てた亭子そのものだったのかは不明である。しかし、忘憂亭は、郭再祐の没後も相当長期間にわたって亭子としての機能が維持されていたようである。

忘憂亭よりも少し高い位置に古びた石碑がある。表には「忠翼公忘憂郭先生遺墟碑」、裏には「崇禎紀元後三己酉四月日、後学裵東錫書、有司趙彦城、李基城、辛永敦、辛啓東」とある。崇禎紀元後三己酉、すなわち、郭再祐の没後一七〇年余りが経った一七八九年（正祖一三）の時点で、忘憂亭は義兵将、忠翼公郭再祐の遺墟として大切にされていたことが想像される。朝鮮時代に建てられた亭子の大部分が、時の流れとともに主人を失い、利用されないままに朽ち果てていったことを思えば、珍しい例と言えよう。

遺墟碑から江岸にすこし下ると忘憂亭がある。亭子には「忘憂亭」の扁額とともに、「与賢亭」と書かれた額も見える（図2）。さらに亭子の中坊をのぞくと、「与賢亭記」の額があった。これを書いたのは趙任道（号は澗松。一五八五～一六六四）という人物である（図3）。

趙任道は、生六臣の一人に数えられる趙旅（号は漁渓。一四二〇～一四八九）の五代孫にあたる。咸安趙氏と玄風郭氏は、ともに在地の名門士族として親しい関係にあった。同じく趙旅の五代孫である趙宗道（号は大笑軒。一五三七～一五九七）は、郭再祐とともに曺植（号は南冥。一五〇一～一五七二）の門下に学び、丁酉再乱の時に義兵を率い日本軍と戦って、国に殉じたことで知られている。さて、趙任道の筆になる「与賢亭記」を、少々かみ砕きながら読んでみるとおおよそ次のような内容である。

与賢亭は霊山県の邑治から十余里はなれた地に在る。北は断麓を枕とし、南は大江に臨んでいる。（中略）真に天が作った絶勝である。ここは故郭相公（郭再祐）の忘憂精舎であったが、今はわが友人の李子粋君（李道純。子粋は字）の所有するところである。なぜ郭相公の江舎が李君の所有となったのか。なぜ古い扁額にある「忘憂」を新たな号に換えたのか。それは「与賢」の故である。

私はかつて郭相公が李君に与えた書を読んだことがある。そこには「唐虞は天下を賢者に与えたが、私は江舎を賢者に与えたい。与えるところの大きさには天と淵ほどの開きがあるとはいえ、それを与えようとするところの意は堯舜も私も同じである。私が（人が）江辺に亭子を作るのを観てきたが、その亭子がきちんと守られる例は鮮《すく》ない。なぜだろうか。それは賢者に与えることができないからである。今、私には小さな亭子が一つある。これを君（李道純）に与えるのは、君が山水を喜び好む心を持っているからである。きっと私の亭子を守ってくれるであろう」とあった。

私は相公が与えたものを李君が得た所以を知った。（中略）まさに千年に一度の美談である。李君は相公にとって外孫壻（孫娘の婿）に過ぎない。相公の子孫は少なくないが、江舎を託すべき人物は彼を置いて他にいなかったのである。私はますます郭相公の明と李君の賢を知って、亭子を「与賢」と名付けるべきだと考えた。（そして李君に）「忘憂」を「与賢」に換えるべきではないかと請うたところ、李君は蹙然として言った。

「君は私を玩戯之具《おもちゃ》にしたいのか。亭子の主人が自ら〝賢〟を称すれば、人様の笑いものになるではないか。」

私はまた言った。「〝与賢〟の文字は、郭相公の文章にあったのだから、君がこれを嫌って固く避けることはないのではないか。君はすこし嫌だからと避けることなく、実に務めれば善いではないか。」

李君が「実に務めるとはどういうことか」とたずねるので、私は言った。

「郭相公の鷗鷺《くろ》の盟を君は尋《あたた》めなければならず、相公の煙水の遊を君は続けなければならない。風月を閒《へだ》てはならず、詩酒を廃してはならない。およそ相公

(が好んでいた)釣磯や漁艇、琴罇、筆床、薬罏、茶鼎などはみな荒涼《すたれ》させてはならない。すなわち、相公が逝去されたとしても、相公の遺跡を永久に替えてはならない。その付託の意はここにあるのではないか。君はとにかく勉めることである。」

李君は「わかった」と答えた。(1)

忘憂亭を譲り受けた李道純(号は清庵。一五八五〜一六二五)もまた当地の名族で、郭再祐とは姻戚関係にあった。一族(碧珍李氏)からは、生六臣の一人に数えられる李孟専(号は耕隠。一三九二〜一四八〇)が出ている。ところで、郭再祐の『忘憂堂集』には「以江舎与李道純書」という文章が収められている。これこそ、右の「郭相公が李君に与えた書」であろう。全文を引くと次の通りである。

唐虞以天下与賢、吾以江舎与賢。所与之大小不侔雖若天淵、其所以与之之意、堯舜与我同也。吾観作亭於江上者、鮮有能守之者。其故何哉。以不能与賢也。今吾不私一亭。与之於君者、知君有喜好山水之心、而可以守吾亭也。君能以吾心為心、得賢而与之。後之賢者亦以君心為心、伝之於可守之賢、則可以永終不墜矣。

(『忘憂堂集』巻二)

前半部分の内容は先の「与賢亭記」と同じだが、「与賢亭記」には傍線部分が見えない。すなわち、「君は私の心を自らの心となし、賢者を得てこれ(亭子)を与えなさい。後の賢者もまた君の心を自らの心となして、これを守るべき賢者に伝えていけば、永久に墜《ほろ》びることはないだろう」というのである。

しかし、残念ながら李道純は、郭再祐の「付託」に応えきることができなかった。郭再祐が世を去ったわずか八年後に李道純自身が亡くなったのである。〝千年に一度の美談〟と称えられた「与賢亭」は主人を失い、郭再祐の庶子である瀩が所有するところとなったらしい。李道純が亡くなった十年後、一六三五年(仁祖一三)に忘憂亭に立ち寄った趙任道が次のような記録を残している。

(郭)瀩は故左尹郭相公(郭再祐)の側室の子である。相公が亡くなった後、江舎は久しく空いたままとなった。瀩がその側らに居《くら》しながら多くの箇所を補修した。その志が嘉ばしいものとされ、(亭子の)主人と目されるようになった。(2)

朝鮮の士人たちが愛してやまなかった亭子も、それを守り、後世に伝えようとする人々がいなければ失われてしまう。実際、朝鮮時代に建てられた亭子の多くが、その主人を失い、人々の記憶からも消えていった。

そうしたなか、忘憂亭はいまも〝健在〟である。四〇〇年を優に超える歳月が流れるなかで、忘憂亭をめぐる様々な物語が紡ぎ出されてきたことだろう。今日の我々が見ている忘憂亭は、この亭子を後世に伝えなければならないと考えた、多くの人々の努力によって、少しく姿形を変えながら、現在に伝えられてきたものである。

いま私たちの目の前に広がる洛東江の滔々たる流れを、郭再祐もまた忘憂亭から眺めていたのだろうか。与賢亭の物語のように、朝鮮八道に建てられた数多くの亭子には、それぞれの物語があるのだろう。時を経ても変わらぬ自然の中に、人間の強靭な意志によって伝えられてきた人工物たる亭子がたたずむ姿を、美しいと感じるのは人間だけなのだろうか。

注

（1）原文は次の通り。
与賢亭在霊山県治十余里。北枕断麓、南臨大江。（中略）真天作之絶勝。乃故郭相公忘憂精舎、而今為吾友李君子粋之所有也。曷為相公之舎而李君有之也、曷為旧扁忘憂而易以新号歟。与賢故也。吾嘗読相公与李君書曰「唐虞以天下与賢、吾以江舎与賢。所与之大小雖若天淵、其所以与之之意、堯舜与我同耳。吾観作亭於江上者、鮮有能守之者、何哉。以不能与賢也。今吾不私一亭、与之於君者、以君有喜好山水之心、而可以守吾亭也。」吾乃知相公之所以与、李君之所以得矣。（中略）将為千載不易得之美談矣。不然、李君於相公、外孫壻耳、相公子孫不為不多、而江舎之託、不於彼而於此者、有是理耶。余於是益信相公之明而李君之賢也。名亭以「与賢」不亦可乎。請以与賢換忘憂可乎。君蹙然曰「子欲以我為玩戯之具耶。亭主自称賢、則人有不笑我者乎。」余又解之曰「与賢字、出於相公文、君何嫌之固避乎。君請不避小嫌、而務其実則善矣。」君曰「何謂務実也。」曰「相公鷗鷺之盟、君不可不尋也。相公煙水之遊、君不可不続也。風月、不可閒也。詩酒、不可廃也。凡相公釣磯、漁艇、琴罇、筆床、薬鑪、茶鼎、皆不得使之荒涼、則相公雖逝、而相公之遺跡、永久不替矣。付託之意、其在斯歟。君其勉旃、君其勉旃。」君曰「諾。」遂為之記。（趙任道『澗松集』巻四、記、与賢亭記。句読点および括弧等は引用者が付した。以下、同じ）

（2）原文は次の通り。
江亭主人郭灘（中略）、灘故左尹郭相公副室子也。相公乗化之後、江舎久空、灘也来居其側、多所補葺、其志可嘉、故目之為主人也。（趙任道『澗松集』別集、巻一、遊観録）

参考文献

〈史料〉

郭再祐『忘憂集』

趙任道『澗松集』

〈韓国語〉

金潤坤

一九六七「郭再祐의 義兵活動」『歴史学報』三三。

李章熙

一九八三『郭再祐研究』養英閣。

김우형

二〇〇七「澗松 趙任道의 학문과 사상——旅軒 張顯光과의 사상적 영향 관계를 중심으로」『東洋古典研究』二九。

김학수

二〇一〇「船遊를 通해 본 洛江沿岸地域 선비들의 集団意識——17世紀 寒旅学人을 中心으로」『嶺南学』一八。

〈日本語〉

貫井正之

一九七七「郭再祐——抵抗とその生涯」『朝鮮学報』八三。

一九九六『豊臣秀吉の海外侵略と朝鮮義兵研究』青木書店。

［付記］本稿はＪＳＰＳ科研費 JP16H03486 の助成を受けた研究成果の一部である。

ある文化財指定をめぐって

秀村研二

私が現在継続して調査している慶尚北道漆谷郡（チルゴク）倭館邑（ウェグァン・ウプ）所在の倭館カトリック教会堂建築〈写真1〉に対して韓国の文化財庁は二〇一八年に文化財（登録文化財第七二七号）登録の予告をした（三〇日後に登録される）。この教会では前年の二〇一七年六月四日にこの教会堂が建築されて五〇年を迎えるのを記念して盛大な記念式（祝福式）がおこなわれたばかりであった。一九六六年に着工し一九六七年に完成した鉄筋コンクリート造りの比較的新しい建築物である教会堂がどのようにして文化財指定を受けることになったのであろうか。それについて背景を交えながら、その経緯を少しばかり述べてみたい。なお以下、倭館教会堂を現地での一般的な使い方に従い倭館聖堂（ウェグァン・ソンダン）と表す。また韓国ではカトリシズムのことを天主教（チョンジュキョ）と呼ぶのが一般的である。

写真1　倭館聖堂

これまで韓国のプロテスタント教会の調査をしていた私がカトリック教会の調査をするにあたってこの倭館地域を意図的に選んだわけではなかった。しかし調査を始めて見ると、いろいろと興味深いことに気がつかされた。何よりもカトリックの信者数が多いのである。漆谷郡の人口は二〇一七年では一二万人ほどであり、それに対する信者数は一万人であり比率は約八％である。ところが倭館邑だけをみてみると人口三万二〇〇〇人に対して信者数は五〇〇〇名で比率は一六％となり、これは全国平均の約二倍となる。いったい何故なのだろうかとの疑問が当然ながら湧いてくる。

ところで漆谷郡倭館邑は洛東江に面した田舎町といってよい小都市である。全国的には朝鮮戦争当時の北朝鮮軍と国連軍が洛東江をはさんで対峙した激戦地として知られている。その戦略上の重要性のためか、駐韓アメリカ軍の補給基地が邑の中心域に広大な面積を占めておかれている。実際に鉄道の京釜線、ＫＴＸ、国道、高速道路も倭館を通っていることから分かるように交通の要地でもあり、また一九七〇年代頃までは洛東江には渡し場もあった。元来は農村地帯の小都市でしかなかったのであるが、韓国で三番目に大きな大邱市と工業都市である亀尾（クミ）市に隣接しており、鉄道や自動車を利用すれば比較的に短い時間で通勤出来ることから両市のベットタウンとして近年は住宅建築が続き人口を増やしてきている。

この倭館地域のカトリック信者は迫害を避けて逃げてきた信者によって一九世紀前半に形成された教友村（カトリック信者の信仰共同体）である漆谷郡枝川面シンナムコル（신나무골）に始まる。その後、フランス人宣教師によって洛東江岸の倭館邑洛山洞に教会堂（洛山聖堂、もしくは佳室聖堂とも呼ばれる）が建てられたのが一八九四年のことだった。倭館聖堂はこの洛山聖堂に所属する公所（コンソ：神父が常駐しない教会堂）として出発したが、信者数の増加により一九二八年に新しい聖堂を作り、一九二九年五月に倭館聖堂として洛山聖堂から分離して設立された。その時の信者数が三〇〇名程であった。この時に建てられた聖堂は煉瓦積みのロマネスク様式の聖堂で旧倭館聖堂として、聖ベネディクト修道会倭館修道院内に現存する。

次に倭館地域のカトリックを語る際には避けることが出来ない存在として、この修道院について述べよう。聖ベネディクト修道会（漢字表記では芬道会）は世界に幾つもの修道会があるのだが、韓国に進出したのはドイツで海外宣教のために設立されたオティリーン（Otilien）の修道会で、一九〇九年のことであった。初代の院長であったノベルト・ウェバーの『静かな朝の国』は二〇世紀初めの朝鮮を記録した著作として知られている［Weber 1923］。まず現在のソウル恵化洞に修道院を建て、実業教育をおこない技能工を養成したが、当時、韓国内で力を持っていたフランスの宣教会と競合するので咸境南道徳源（トグォン）に一九二七年に移転した。天主教元山教区では神学校運営や聖堂の司牧（教会運営）も引き受けて活動していた。また当時の朝鮮から多くの人々が移住していた間島（現在の吉林省延辺朝鮮族自治州）が元山教区の管轄になったことにより、次に延吉にも修道院を設立した。しかし延吉の修道院は一九四六年に共産党支配下に入るとともに活動を停止し、ドイツ人修道士はドイツに送還された。一方、徳源の修道院は一九四五年八月活動を停止し朝鮮戦争を経てこの間に一〇人が銃殺され、一八名が収容所で死亡した。残った修道士たちは一九五二年に韓国に集まり、一九五五年に当時の倭館聖堂の横に修道院が再建されることになる。

再建された修道院では、出版社（芬道出版社）での出版事業を始め、ドイツから最新の印刷機械を持ち込んだ印刷所、教会堂の椅子など教会で必要な備品を生産する木工所などの事業所が立ち上げられ、倭館の地域住民を職員として雇い入れた。また修道院は規模も大きく所属する司祭も多かったため大邱大教区から司牧の委任を受ける形で監牧倭館代理区を形成した。一九六四年までに慶尚北道の六つの郡の一八聖堂を担当するまでになった。その中心にあったのが倭館聖堂であった。倭館聖堂の信者数は修道院が出来たこともあって伸び続け、一九六五年には五千名を超えたことから聖堂が新築されることになった。場所は徒歩で五分ほどの当時の街外れの場所であった。

写真2　聖堂内部

新しい聖堂の設計を担当したのが修道院のアルビン・シュッミット神父（Alwin Schmid：一九〇四〜一九七八）である。一九三七年に延吉修道院に派遣された後、一九四五年まで司祭をしながらいくつかの聖堂建築の設計を担当している。一九四六年に中国共産党により収容所に収容され、一九四九年にドイツに追放された。一九六一年に倭館修道院に再派遣され、その後韓国内で聖堂を初めとして幾つものカトリック関連施設の設計に携わり、その数は一八〇余りになる。その中でも倭館聖堂は建築家としてのアルビン神父の理念が色濃く反映されたものだと評価されている［김정신 二〇〇七：六八―七三］。

その理念とは第二バチカン公会議（一九六二〜一九六五）で示された「典礼の共同体性」の精神に従い、信者が司祭と共にミサをはじめとする典礼行為に積極的に、また能動的に参加することのできる聖堂を目指した点にある。そのために聖堂の平面はどこからでも祭壇（または祭臺＝聖餐のための臺）をみとおせることができるように多角形に近い扇形とした〈写真2〉。その空間を確保するために韓国の鉄筋コンクリート造りの聖堂建築としては初めて二階に聖堂がおかれた。一階には聖堂が運営する幼稚園（純心幼稚園）、事務室、信者たちのための会議室などの部屋が配置された。また司祭館も聖堂に繋がる形で建てられ、全体としてノアの箱舟を表しているのだとも言う。聖堂の外面は当時のドイツ建築の流れを受けて、直線と曲面で構成さ

写真3　新築された当時の倭館聖堂

れ装飾を排した現代的なものとなっている。アルビン神父が描いた設計図は現在も修道院に保管されており、これも文化財指定に当たっての評価点とされた。当時の様子を信者たちに聞くと、旧倭館聖堂のような如何にも教会堂のような建築に慣れ親しんでいたのでその斬新なデザインに驚いたという。

実際、五〇年がたった現在見ても古くささは感じられないので、一九六〇年代末の田舎町であった倭館では驚きをもって迎えられただろうと想像するに難くない〈写真3〉。文化財庁も今回の文化財登録にあたって、教会建築の枠を破り教会建築の目的に合った構造の実用性を強調し自由な形式として建てられた点を高く評価している。

しかし教会堂は五〇年の間に大きく変化している。まず信者たちの活動のための部屋数が足りなくなったため教会堂の地下が信者の手によって掘られて地下室が作られた（現在は危険なので使用されてない）。一九八〇年代になると教育館（日曜学校などに使う建物）を建てるために、司祭館が取り払われ、司祭館はそれまで幼稚園が使用していた教会堂一階に移り、幼稚園は事務室や会議室などがあった場所に移動した。それにともなって大きな改築がおこなわれている。また聖堂も初めは靴を脱いで床に座る形式だったが、一九七〇年代に椅子を用意して靴のまま入る形に変えられた。このように教会堂の建物自体はその時々の必要に応じて改築や改造がおこなわれてきていて原形をそのまま残しているわけではなかった。

二〇一五年に倭館聖堂の主任司祭としてR神父が赴任した。カトリック教会では数年ごとに司祭の移動がおこなわれるため、同じ聖堂に同じ神父が長い間司牧し続けることは余りない。倭館聖堂は大邱大教区の聖堂ではあるが（前に述べた修道院が請け負う倭館監牧代理区は一九八六年に無くなる）、司祭の人事は教区からは独立して聖ベネディクト修道会倭館修道院の修道院長が修道会所属の神父を派遣している。R神父はドイツで神学を学んだ後、修道会では長く芬道出版社の社長を務めていた。修道院では倭館聖堂を設計したアルビン神父を直接知っていたし、アルビン神父に関する本も出版し、韓国キリスト教史研究所の編集による『韓国カトリック大事典』の出版にも関与し、修道院関連書籍も多く出していた。またドイツにあるオティリーン修道院に修道士たちが収集した韓国の美術品や様々な民具など民俗資料が保管してあることから、文化財管理の委員として調査にあたったこともあり、韓国のカトリックの歴史や文化、またその意味についての造詣が深かった。

またR神父は倭館聖堂についてはは修道院の近くでもありその歴史についてもよく理解をしていた。聖堂は司祭の力が強いのでその意向が反映されやすい。R神父は後に信者から「事業家神父ニム」と呼ばれるようになるが、様々な事業をおこなった。教会堂の一階部分では手狭になっていた幼稚園を新しくするために、教会に附属する形で建っていた女子修道院分院（聖堂で働くシスター二名と幼稚園長のシスター一名が所属）を撤去し、その跡地に建てることにした。そして女子修道院の移転先として教育館三階を当てることにして、まず教育館の改造をおこなった。それまで活用されてなかった教育館地下室に広い空間を設けて、信者たちが映画を見たり会議をおこなったり出来るようにした。一、二階は教会学校（主日学校という）の教室としてエアコンも入れて、様々な集まりに使えるようにした。三階部分の女子修道院にはオートロック式の出入り口を設けて外部からの出入りが出来ないようにして安全を確保した。また各階で利用出来るエレベータを設置した。次に女子修道院が移転した跡地に三階建ての幼稚園舎を新築して幼稚園が移転した。そして空いた教会堂一階部分に厨房と信者たちが食事を一緒にとれる空間を設け、また教会での必要な用品を販売する部屋（教会内部の信者団体が運営）も設けた。

R神父が気にしていたのは、教会の前面の道が片側三車線もあるにもかかわらず更に漆谷郡の都市計画では拡幅されることになっていて（理由は郡から市への昇格には広い道路が必要と言うことだが、詳細は不明）、それが実現されると聖堂に上がる階段の直前まで道路となり安全からも美観からも問題が大きいことであった。その間にも教会の裏手にあった住宅を買って駐車場としたりして環境整備には努めていたが、R神父が道路拡幅を抑止するために繰り出したのが聖堂の文化財指定という奥の手であったと推測される。そう考えると改築を重ねていて原形とは異なっていた教会堂を、何とか少しでも元の形態に近くなるように手を打ったと理解出来よう。

数年の間にこれだけ変えたのは「事業家神父ニム」の面目躍如であるが、信者たちはどのように反応したのであろうか。神父の力が強くその意向が反映されるカトリック教会では信者たちはある意味神父に順応せざるを得ない。プロテスタント教会であれば他の教会に移ることは可能だが、居住地域で所属聖堂が決まるカトリック教会ではそうもいかない。消極的（積極的な?）な抵抗としてはミサに出席しないことで聖堂との関係を絶つことであろうか。しかし一連の変化にともなう資金負担に対して、信者たちには献金の必要があったにもかかわらず信者数が減ることもなかった。それはR神父の信者たちへの粘り強い説得があったのも確かだが、信者たちのもつ自負心にうまく訴えかけたことも要因の一つであったように思える。その自負心とは倭館聖堂がもつこの地域のカトリックの中心であるという意識である。それは朝鮮戦争の後に修道院がやって来てからの監牧代理区の中心の聖堂であり、それがなくなった現在でも修道院の神父が司祭であるという点にある。現在では修道院が神父を派遣している聖堂は、倭館聖堂の母体となった洛山聖堂と倭館聖堂から分離した倭館邑内にある石田（ソクチョン）聖堂の合わせて三つだけである。大邱大教区に所属はしているものの、自分たちの聖堂は教区の神父が司牧する他の聖堂とは違うという意識が、特に五〇代から上の積極的に中心となって活動している信者たちに見られる。それはカトリック教会にみられる信者たちの様々な活動が、修道院の神父たち（かってはドイツ人の神父が多かった）の指導の下で教区の他の聖堂よりもいち早く始められていることにもみられる。また修道院では日課（祈禱などのお勤め）ごとに『聖務日禱』という祈祷書を使うのだが、倭館聖堂ではその祈禱書を使ってミサの前後に信者たちが祈禱文を唱える。他の地域からミサに出席した信者たちが驚くのがこの点である。このような信者たちがもつ修道院の司祭がいる聖堂という意識にR神父がうまく訴えかけた結果とみなせるだろう。

R神父は倭館聖堂が現在地に建てられて五〇周年に当たる二〇一七年六月に記念のミサをすることを決めて、聖堂周辺の教会敷地内をそれまでアスファルトで舗装していたのを全部剥がして煉瓦で舗装し直し、全体的な美化をおこない教会堂の敷地を設計者であるアルビン神父の名を冠して「嘎貧小園（アルビンソウォン）」と名付けた。二〇一七年六月四日の「聖霊降霊大祝日（ペンテコステ）」に記念のミサ（祝福式）を信者たちや内外の客を招いておこない、その後に祝宴をもった。その中には漆谷郡の幹部たちも含まれていた。なお現在の郡守（郡の行政トップ）は倭館聖堂の信者であるし、郡庁の役職者を初めとして会社などや機関の役職者にはカトリック信者が多い。R神父は信者や役職者たちにアルビン神父の設計の意味を強調することで倭館聖堂のもつ意味を再確認させたということが出来よう。その時に建てられた「教会建築家アルビン・シュミット神父記念碑」に書かれた文は次の言葉で終わっている。「二〇一七年六月四日の聖霊降霊大祝日に倭館聖堂祝福五〇周年を迎え、教友たちが韓国教会建築の近代化と土着化に寄与した彼の献身を讃えてこの記念碑を建てる」。

R神父はその後、郡庁に対して文化財指定への働きかけをおこなったが、二〇一七年九月に修道院の人事異動で倭館聖堂の司祭を離れ、修道院の他の役職につくことになり倭館からも離れた。文化財指定への働きかけは聖堂から続けておこなわれ、郡庁もそれに積極的に関与することになる。以前から郡庁によってカトリック遺産の観光資源化への動きがあったのも要因の一つだろう。例えば洛山聖堂からこの地域に最初に信者たちが定着したシンナムコルを経て、その後にやはり迫害を避けて教友村が作られた標高九〇〇メートルの山の中にあるハンティ（한티：教友村の跡地だが、現在はカトリック教会によって聖地とされている）を巡る巡礼路が郡庁によって整備されている。原形を失っている聖堂を建築史的な観点から文化財指定に到らせたのは、この地域がもつカトリック教会の力の大きさだったとみるのは間違いではないように思えるが、どうであろうか。

参考文献

김정신　二〇〇七　『건축가 알빈 신부』분도출판사（キム・ジョンシン『建築家アルビン神父』ブンド出版社）。

Weber,Norbert　1923　*"Im Lande der Morgenstile"*, Missionsverlag St.Ottilien（박일영、장정란、펴낸이、이형우 약역　二〇一二　『고요한 아침의 나라』분도출판사）

［付記］本稿は科研費15K03033「生き方の分化・再編と交渉に関する対照民族誌的研究：韓国社会の事例を中心に」（研究代表者：本田洋）の研究分担者としての研究成果の一部である。

彙報

〈第一〇三回運営委員会〉

日時：二〇一七年九月一六日（土）一三時三五分～一四時三〇分

場所：東京大学本郷キャンパス　赤門総合研究棟　七階七〇九号室（韓国朝鮮文化研究室）

庶務委員会報告

・新規入会者一名を承認した。

・名簿作成につき所属、住所に変更等があった場合はメーリングリストでその旨連絡するよう周知することとした。

・メーリングリストのサーバー障害に関して問題があった場合は井出委員に連絡する。

・次年度会長に月脚委員が選出された。副会長は会長が指名することとした。

会計委員会報告

・収入、支出状況が説明された。

編集委員会報告

・編集委員長の後任として六反田委員が選出された。

今後の研究例会について

・一二月研究例会発表者の情報が報告された。

・二月、四月研究例会の企画担当者を選出した。

第一八回研究大会について

・シンポジウム、一般発表の発表者を確認した。

・シンポジウムのテーマを「病いと医療」とし、報告者、コメンテーターを確認した。

・当日の予定を確認し、会場及び宿泊情報はサーキュラーに掲載することとした。

〈第一〇四回運営委員会〉

日時：二〇一七年一一月三日（土）一六時五分〜一七時一〇分
場所：東京大学本郷キャンパス　赤門総合研究棟　七階七〇九号室（韓国朝鮮文化研究室）

庶務委員会報告
・通信四二号の配信を終えた。
・名簿は本人から連絡があった場合のみ変更しており、メールで配信することとした。

会計委員会報告
・収入、支出状況が説明された。
・会誌のページ数増加につき出版費が例年より上がることとなった。

編集委員会報告
・会誌一六号の発行が報告された。
・編集学生主任を通堂委員から辻会員（学生主任ではない）へ交代することとした。
・大会終了後会誌一七号への投稿呼びかけをメールで配信することとした。

研究例会について
・一二月研究例会発表者に旅費を支給することとした。
・四月研究例会の報告候補者を選出した。

第一八回研究大会の確認
・総会資料の確認。
・二〇一七年度決算報告、明細の確認。
・大会スケジュール及び大会・懇親会参加者の確認。

〈第一八回　研究大会・会員総会・懇親会〉
日時：二〇一七年一一月四日（土）一〇時〜一七時三〇分
会場：神田外語大学三号館三階　三—三〇二・三—三〇四教室
一般研究発表　司会：仲川裕里
曺佑林「一九二〇〜三〇年代の雑誌言説に見る女性の『断髪』」
柳煌碩「韓国の親教育の政策的推進と問題」
金貴粉「『槿域書画徴』制作の意図とその意義」

会員総会
議長の選出：議長として豊島悠果会員が選出され

た。

二〇一七年度事業報告が承認された。
二〇一七年度会計報告が承認された。
二〇一八年度事業計画案が承認された。
二〇一八年度予算案が承認された。

会長に月脚会員、副会長に仲川会員、会計監査に松本会員、丹羽会員、編集委員長に六反田会員、新運営委員として辻会員、神野会員が承認された。

シンポジウム「病いと医療」司会：秀村研二
秀村研二　趣旨説明
野崎充彦「朝鮮時代の疾病と医療観――天人相関の視点から」
愼蒼健「伝統医学における自画像の形成と展開：その〈鏡〉との関係」
澤野美智子「『ファッピョン』としての乳がん」

懇親会　一八時～二〇時
会場：アジアン食堂「食神」

〈第一〇五回運営委員会〉
日時：二〇一七年一二月二日（土）一三時～一五時
場所：東京大学本郷キャンパス　赤門総合研究棟　七階七〇九号室（韓国朝鮮文化研究室）

庶務委員会報告
・新規入会者一名を承認した。
・名簿作成に使用するファイルメーカーPro16を予算から購入することとした。
・会誌のバックナンバーは風響社の倉庫で保管し、必要に応じて送ってもらうこととする。

会計委員会報告
・収入、支出状況、会費納入状況が説明、報告された。
・発表者に支払う旅費の規定を次回運営委員会で確認することとした。

編集委員会報告
・日韓文化交流基金助成金の申請準備をすすめる。
・一七号第一回編集委員会が開催され、特集論文・一般論文の査読者を決定した。

研究例会について
二月研究例会の発表者決定、四月研究例会の発表候補者と六月研究例会の企画担当者を検討した。

第一九回研究大会について

・大会会場、候補日、シンポジウムのテーマを検討した。

その他

第一八回総会における伊藤会員と板垣会員の提起を踏まえ、本研究会の対外的活動の一環としての日韓市民交流への寄与及び研究会の予算運用については、継続的に検討していくこととした。

〈第六二回研究例会〉

日時：二〇一七年一二月二日（土）一五時〜一七時

会場：東京大学本郷キャンパス　赤門総合研究棟七階七三八号室

発表者：申明直氏（熊本学園大学教授）

題目：華僑華人の変貌と「東アジア市民」の形成

〈第一〇六回運営委員会〉

日時：二〇一八年二月三日（土）一三時〜一四時四〇分

場所：東京大学本郷キャンパス　赤門総合研究棟　七階七〇九号室（韓国朝鮮文化研究室）

庶務委員会報告

・名簿は現在作成されているものを公開し、修正が必要な場合は各会員から連絡を受けた後、修正版を出すこととした。

・通信は四月発行になる見込みである。

会計委員会報告

・収入、支出状況が説明された。

・神田外語大学からの研究大会余剰寄付は四万六三三五円となった。

・日韓文化交流基金より二〇万円の出版助成を受けた。

・旅費の規定を次回以降の委員会で再度確認する。

編集委員会報告

・会誌一六号の刊行報告により日韓文化交流基金から助成金の振込があった。

・会誌一七号の刊行に向け、日韓文化交流基金助成金の申請を行うこととする。

・会誌一七号の第二回編集委員会を開催した。

研究例会について

四月研究例会発表者が決定し、それに関連して大学院生が発表する場合の旅費は規定額を支給することとした。

六月研究例会発表候補者の検討、一二月例会担当者の検討及び二月例会担当者が決定した。

第一九回研究大会について

・開催候補日、開催候補地が検討された。

・シンポジウムテーマ案として「文化」、「遺産」を中心とした案が辻委員より発表され、検討ののち、次回テーマは「文化財」を候補とし再度検討することとした。

・シンポジウムテーマ案に関連し、登壇候補者を検討した。

・辻委員が趣旨文を作成することとした。

その他

第一八回総会における伊藤会員と板垣会員の提起について検討し、調査中の写真のアーカイブ化をすることで韓国の機関・団体からの助成を受けられるのではないかという意見が出された。

〈第六三回研究例会〉

日時：二〇一八年二月三日（土）一五時〜一七時

会場：東京大学本郷キャンパス　赤門総合研究棟七階七三八号室

発表者：金賢貞氏（亜細亜大学国際関係学部　専任講師）

題目：語りはじめた植民地遺産―現代韓国における新しい「近代」展示施設の誕生と展示内容を中心に―

〈第一〇七回運営委員会〉

日時：二〇一八年四月七日（土）一三時〜一四時四〇分

場所：東京大学本郷キャンパス　赤門総合研究棟　七階七〇九号室（韓国朝鮮文化研究室）

庶務委員会報告

・名簿は現時点で最新のものをホームページにアップロードすることとする。

・研究大会に関する内容の通信を四月中に発行することとする。

会計委員会報告

・収入、支出状況が説明された。例年に比べ、旅費の支払い及び会誌発行に支出が増額した。

・旅費規定についてメーリングリストで情報を共有し、

当分の間は現行の規定とすることとした。

編集委員会報告

・編集委員会開催報告と、会誌の論文投稿本数と査読進捗状況が説明された。

・日韓文化交流基金の申請を行い、二〇万円を上限として受給が決定された。

研究例会について

・六月、一二月研究例会の発表候補者を検討した。

・二月研究例会の企画担当者を選出した。

第一九研究大会について

・開催候補日、開催候補地を検討した。

・辻委員の作成した趣旨文をもとにシンポジウムテーマを検討し、「コンテンツ時代における文化財」を候補とした。

・シンポジウムテーマ案に関連し、登壇候補者を検討した。

〈第六四回研究例会〉

日時：二〇一八年四月七日（土）一五時～一七時

会場：東京大学本郷キャンパス　赤門総合研究棟七階七三八号室

発表者：田中美彩都氏（九州大学大学院博士後期課程、日本学術振興会特別研究員〈DC1〉）

題目：旧韓末養子制度をめぐる社会の実態―新聞記事の分析を中心に―

〈第一〇八回運営委員会〉

日時：二〇一八年六月一六日（土）一三時～一四時四〇分

場所：東京大学本郷キャンパス　赤門総合研究棟　七階七〇九号室（韓国朝鮮文化研究室）

庶務委員会報告

・ホームページにアップロードされた名簿について修正要求が出たため、適宜変更を加え更新していく。

会計委員会報告

・収入、支出状況が説明された。

・会費収入の残額を会費割引、学生会員の大会参加費無料化などで還元していくことが提議された。一九回大会より学生会員の参加費無料などから試行することとし、会費の割引については、システム上の問題や年度のずれの問題などをクリアしてから学生会員会費の割引（四千円から三千円）を総会にかけることを検討することとした。

・第一八回総会で提議された積立金利用による事業についても検討していく。

・会費未納会員に対し、会則にしたがって退会処理することとした。

編集委員会報告

・編集委員会開催報告と、会誌の論文投稿本数が説明された。

・最終校正は運営委員会と合同で行うこととした。

研究例会について

一二月研究例会の発表者が決定し、発表者には旅費を支給することとした。

二月研究例会に関する情報は次回運営委員会で決定することとした。

第一九回研究大会について

・開催日を一〇月二〇日（土）とし、開催地は東京大学本郷キャンパス三番大教室を使用することで決定した。

・大会委員は本田委員、六反田委員、中尾委員、原田委員が担うこととした。

・懇親会について検討された。

・辻委員が作成した趣旨文を検討し、修正案を運営委員会メーリングリストで共有した後、第一回サーキュラーに掲載することとした。

・シンポジウム登壇者が決定し、うち一名に対しては規定に基づき旅費を支給することとした。

〈第六五回研究例会〉

日時：二〇一八年六月一六日（土）一五時〜一七時

会場：東京大学本郷キャンパス　赤門総合研究棟七階七三八号室

発表者：ベル裕紀氏（法政大学非常勤講師）

題目：メディア教育が編む世界―韓国における移住労働者を対象としたメディア活動団体を事例として

編集後記

前任の野村伸一さんより本誌編集代表の大任を引き継ぎました。これから三年間、どうぞよろしくお願い申し上げます。と申しつつ、数年前から他の学会誌の編集委員長を務めており、さらに別の二誌でも編集委員の任にある身としては、実のところ、できれば避けたいお役目でもありました。本会では会長の任期を満了すると編集代表となるのが慣例とのことで、抵抗むなしく最終的に受諾を余儀なくされましたが、狭い〝業界〟とはいえ特定の人間が複数の雑誌の編集責任者を同時に務めるというのは、やはり健全なこととは思われません。人手不足と言われればそれまでですが、本会を含めこの〝業界〟全体の将来を考えるとき、その人手不足こそは解決すべき大きな課題でもあると痛感いたします。

さて今号では、昨年一〇月に神田外語大学を会場として開催された第一八回研究大会のシンポジウム「病いと医療」における野崎充彦氏と澤野美智子氏の報告内容を中心に特集を組みました。研究大会では、これらに加え愼蒼健氏による「伝統医学における自画像の形成と展開‥その〈鏡〉との関係」と題する報告もなされましたが、残念ながら論文として掲載することはかないませんでした。韓国朝鮮社会における病気・医療の問題は、これまでも歴史学・人類学など個々の学問領域ではそれぞれの問題意識に基づいて研究がなされてきましたが、前近代から近現代に至る長い射程において病気・医療の持つ社会的・文化的意味を多角的に考える機会は、これまであまりなかったように思われます。今号の特集が今後の研究を刺戟する一つの契機となればと祈念いたします。

冒頭で申し上げたように私はこれまで複数の学会誌等の編集に携わってきましたが、雑誌ごとに編集作業の進め方にはかなりの違いがあります。長年の積み重ねのなかで生まれた慣例ないし個性ともいえましょうか。その意味では、私は本誌の編集においてまったくの新米に過ぎません。そのようななか、ご自身も今号から新たに編集委員となられたばかりであるにもかかわらず、多忙ななか編集実務全般を取り仕切っていただいた辻大和さんには、お礼の言葉もありません。仲川裕里さんはじめ経験豊富な編集委員各位にも随所で助けていただきました。出版元である風響社の石井雅さんには、遅れ気味の作業でご迷惑をおかけしながらも、今号も立派な本に仕立てていただきました。その他、今号に編集に関与していただいたすべての皆様にこの場を借りてお礼申し上げます。なお、今号についても公益財団法人日韓文化交流基金より出版助成をいただきました。末筆ながら深甚の謝意を表します。

二〇一八年一〇月一日

編集代表　六反田　豊

〈本会への入会について〉

ホームページに「入会申請書」を用意しております。なお会則5条によって、会員の資格は大学院生以上の研究者かそれと同等と認められる者となります。また申し込みに際しては会員の紹介が必要ですが、紹介がない場合には研究業績書と履歴書を提出して頂きます。申請後、運営委員会の承認を経て入会が認められます。

韓国・朝鮮文化研究会〈事務局・ホームページ〉
〒一一三—〇〇三三　東京都文京区本郷7—3—1
東京大学大学院人文社会系研究科
韓国朝鮮文化研究室気付
e-mail：　askcs@askcs.jp
URL：　http://askc.jp

〈本誌への投稿について〉

投稿規定と執筆要項が、ホームページに用意してあります。投稿を希望される場合には、必ず熟読し、原稿を整えて下さい。

韓国・朝鮮文化研究会会則

施行　二〇〇〇年一〇月二八日
改正　二〇〇八年一〇月一八日

第1章　総則

第1条【名称】　本会は、韓国・朝鮮文化研究会と称する。

第2条【目的】　本会は、韓国・朝鮮文化研究に携わる人文・社会諸科学研究者相互の研究交流と、蓄積された情報の公開を図ることを目的とする。

第3条【事業】　本会は、前条の目的を達成するために、当面、次の事業を行う。

（ア）会報および図書の発行
（イ）大会・研究会等の開催
（ウ）国内および国外の学術団体との交流
（エ）研究資料・研究成果の情報化
（オ）その他の本会の目的達成に必要な事業

第2章　会員

第4条【種類】　本会の会員は、個人会員のほか、賛助会員を置くことができる。

第5条【個人会員の資格】　本会の個人会員は研究活動に従事している者とし、韓国・朝鮮文化研究を志す大学院修士課程以上の者、もしくは本会がこれと同等の資格をもつと認めた者も含まれる。個人会員は、会員一名以上の紹介によって入会申し込みを行い、運営委員会の審査と承認を得て入会することができる。紹介者のない場合は、研究業績書のほかに履歴書を提出するものとする。

第6条【賛助会員】　賛助会員は、本会の目的に賛同した個人または法人とし、入会には運営委員会の承認を受けなければならない。

第7条【会員の特典】　会員は会報の配布を受け、本会が開催する大会・研究会その他の会合に参加し、また研究を発表することができる。

第8条【会員の権利】　会員は、総会における議決権を有する。

第9条【会員の除名】　会員がその義務を怠ったとき、また本会の名誉を著しく毀損したときは、運営委員会の議を経て、総会の決議により除名することができる。

第3章　役員

第10条【役員の構成】　本会は、会の運営のために、役員として会長・副会長・運営委員および会計監査を置く。

第11条【役員の選出】　役員は、総会において選出決定される。その選出手続きに関する規程は、別に定める。

第12条【運営委員会】　運営委員会は会長・副会長および運営委員によって構成する。

第13条【会長】　会長は、運営委員会がこれを選任し、総会の承認を受ける。

第14条【副会長】　副会長は一名とし、会長がこれを任命し、運営委員会ならびに総会の承認を受ける。

第15条【運営委員】　運営委員は、運営委員会がこれを選任し、総会の承認を受ける。

第16条【会計監査】　会計監査は二名とし、他の役員に就任していない会員から運営委員会が選任し、総会の承認を受ける。

第17条【役員の任期】　役員の任期は三年とする。ただし再任を妨げない。

第18条【役員の任務】　役員は本会の円滑な運営に関し責任を負うこととし、また各役員の任務は、以下のように定める。

（ア）会長は、本会を代表し、運営委員会を主宰する。

（イ）副会長は会長を補佐し、会長に事故ある時はその任務を代行する。

（ウ）運営委員は運営委員会に出席し、会の行う事業を推進する。

（エ）会計監査は、本会の財産および会計を監査する。

第4章　会議と運営

第19条【総会】　総会は、少なくとも年一回、会長がこれを招集する。総会における議決は別に定める。

第20条【小委員会】　運営委員会には、次の小委員会が常設される。

（ア）庶務委員会―事務局を管理し、事務を総括し、会報の発行・会計にあたる。

（イ）企画委員会―研究大会のテーマ・運営・会場校の選定などを行う。

（ウ）編集委員会―通信・機関誌とシンポジウム成果刊行物の編集・発行に従事する。

第21条【特別委員会】　前項の常設委員会の外、運営委員会が必要と認めたときには、特別委員会を設置することができる。

第22条【推薦委員】　二〇〇八年一〇月一八日削除

第23条【大会委員会】　運営委員会は、各研究大会の運営のために大会委員会を組織するものとする。大会委員会の委員には、必要に応じて会員以外の者を委嘱することができる。

第24条【選挙管理委員会】　二〇〇八年一〇月一八日削除

第5章　会計

第25条【会計および会費】　本会の会計は、一般会計と特別会計に分け、その経費は会費・寄付金およびその他の収入をもってあてる。

（ア）会員は、毎年会費を本会に前納しなければならない。

（イ）会費額は、総会において決定する。

（ウ）引き続き会費を2年間滞納した者は退会したものとみなされる。
第26条【会計年度】　本会の会計年度は一〇月一日に始まり九月三〇日に終わる。

第6章　事務局

第27条【事務局】　本会に事務局を置く。また、本会の会計処理に関しては、別に会計事務局を置き、会計担当の運営委員がその業務を遂行する。

第7章　附則

第28条【規約改正】　この規約を改正するためには、総会の三分の二以上の同意を必要とする。
第29条【施行】　本会則は二〇〇〇年一〇月二八日より施行する。

附則
本会則は二〇〇二年一〇月一五日より施行する。

附則
本会則は二〇〇四年一〇月三〇日より施行する。

附則
1．本会の事務局および会計事務局は次のところに置く。

事務局
〒113-0033 東京都文京区本郷七―三―一
東京大学大学院人文社会系研究科韓国朝鮮文化研究室
会計事務局
〒261-0014 千葉県千葉市美浜区若葉一―四―一
神田外語大学外国語学部韓国語学科林史樹研究室
2．本会則は二〇〇五年一〇月一五日より施行する。

附則
本会則は二〇〇八年一〇月一八日より施行する。

上記の規定にもかかわらず、役員を、理事から運営委員へ変更するにあたっては、理事会が運営委員を選任し、総会の承認を受けるものとする。新運営委員会発足と同時に、理事会は解散する。

Korean Culture and Society Vol. 17

Contents

Special Theme :
Illness and Medical Care in the Traditional and Modern Societies of Korea

한국 조선의 문화와 사회 17 호

목차

특집 : 질병과 의료

執筆者一覧（掲載順）

秀村　研二	明星大学人文学部　教授
野崎　充彦	大阪市立大学大学院文学研究科　教授
澤野　美智子	立命館大学総合心理学部　准教授
金　貴　粉	国立ハンセン病資料館　主任学芸員
六反田　豊	東京大学大学院人文社会系研究科　教授
文　聖　姫	『週刊金曜日』記者・編集者、博士（文学）
辻野　裕紀	九州大学大学院言語文化研究院　准教授
本田　　洋	東京大学大学院人文社会系研究科　教授
植田　喜兵成智	学習院大学東洋文化研究所　助教
長森　美信	天理大学国際学部　教授

韓国朝鮮の文化と社会　第17号

2018年10月15日発行
発行所：韓国・朝鮮文化研究会
発売元：風響社
〒114-0014　東京都北区田端4-14-9
電話 03-3828-9249
印刷所：モリモト印刷

　ISBN978-4-89489-967-4